超ㄅㄧㄤˋ的
創意作文及新詩教寫

林瑞景◎著

目　錄

貳、新詩教寫

參、附錄 迴響

創意作文的百變先生——林瑞景老師

自由時報記者　羅欣貞

「創意作文」是中正國中林瑞景老師的招牌，他獨創「味覺作文」、「觸覺作文」，先請學生玩恐怖箱、吃萬巒豬腳，再讓學生動筆，還在課堂上放電影、開記者會，讓學生當影評人、當記者。他把三十多年經驗寫成的書，今年（八十七年）獲省府獎勵教育人員研究著作獎，屏縣只有他一位得獎，各縣市教育界請他演講教作文的邀約，也已排到暑假了。

得獎的著作是「創意作文與新詩教寫」，爲林瑞景贏得了四萬元的獎金，並獲省府頒獎。其實，這本書去年（八十六年）底出版，早是許多縣市教師作文教學研習的課本，已被訂購一空，目前還在加印中。林瑞景認爲，作文沒有一定寫法，學生的想像力其實很豐富，應讓他們盡情發揮，所以他經常在作文課時，鼓勵學生反向思考，例如母親節時，他就出了「不是母親節的日子」的題目，請學生寫作。

林瑞景讓學生印象最深刻的就是創造「味覺作文」、「觸覺作文」的教法，他在上課前特地到萬巒買豬腳，在作文課時發給學生吃，再請學生寫出吃腳豬感覺。還有學綜藝節目的「恐怖箱」遊戲，在不透光的盒子中放了水果、動物，讓學生在伸手摸之前、摸了之後，用

作文形容自己的感覺。此外，曾經在課堂上播放「獨猴爸爸」、「一〇一真狗」等影片，讓學生學做影評人，或者開記者會讓學生當記者訪問老師，結果學生寫出的作品都很出色。

* * *

三十多年來致力於作文創意教學的中正國中國文教師林瑞景，以「看影片寫作文」、「作文課像記者會」等教法，獲得過教育廳頒發的創造思考教學特優獎，以國文教法聞名的「國文天地」雜誌社，最近力邀林瑞景出書，主題是許多國文教師望之卻步的新詩教寫，已在國文教學界引起注意。

教國中生寫作文經驗豐富的林瑞景老師回憶說：自從小學五年級的第一篇作文受到老師肯定，他便對作文產生興趣，小學時唯一的課外讀物就是「作文範本」，國中時很迷貼在學校走廊的報紙副刊，考取屏東師範後，他經常跑圖書室，第二年當時已有名氣的小說家黃春明轉學和他同年級，兩人經常討論寫作，從此他更沈迷於文藝創作。

林瑞景教書後常熬夜寫作投稿，調到屏師附小後，在一次教學示範中，以逗趣的戲劇教小學生寫作文，受到師生的歡迎，此後，民間成立的作文才藝班紛紛請他去講課。七十九年時，他率先從台北引進「創造思考教學法」，向全縣國文科教師教學示演，八十年他又鑽研「新詩教學」創作教法，並利用電子媒體上作文課，八十三年、八十四年連續以看影片寫作文、學生扮記者採訪寫文章及課文名句選拔等項目，獲得教育廳創造思考教學的表揚。

今年（八十七年）他利用四個月的時間，將其經驗寫成近四百頁的「創意作文與新詩教寫」一書，內引佳作、評析，以及新詩教寫方法，非常值得參考。

（分別於87、12、25及88、7、29**專題報導**）

自序

出書的感覺眞好

自從「創意作文與新詩教寫」問世以後，即得到來自四面八方的關愛，實在是出乎我的意料之外，至今還猶覺得受寵若驚，眞令我感動不已。

記得一出書，即受到我在書中曾引用過作品的可愛學生，以及參與研習的老師們的青睞，幾乎人手一冊，視如珍寶。接著，國內媒體「中時」、「聯合」、「自由」、「民衆」、「台日」等各日報及地區性雜誌上，紛紛大幅專訪報導推介，在地方上引起不小的回響。東部、南部及中部各縣市、各學校，先後來電要採用這本書，作爲研習會或文藝營的教材，並邀請我去擔任講座，現身說法。幾場演示教學下來，普遍受到肯定與讚許，並完成了好多篇成果報導。

台南市中山國中劉芳梅老師在研習心得回饋上這樣寫說：

今天很難得接受林老師的教導，使我不再拒新詩於千里之外。原來新詩的意境可以那麼活潑、那麼純樸、那麼幽默、那麼哀怨……那麼令人會心一笑，也那麼令人眼紅鼻酸……而「創意作文」更開啟了我另一扇指引國中生的寫作之門……實在太感謝林老師的教導，讓我覺得此次研習不虛此行，值回票價。在此致上最深的敬意，謝謝您！

安南國中許欣如老師也在「研習心得」上指出：

在國文教學中，作文的確令人傷透腦筋，不僅學生哀聲連連，老師們也是腸思枯竭。很感謝林老師提供的創意教學，終於為我在教學與創作中，開啟了另一扇窗，讓我望見了豐富而多采多姿的文藝生涯。

台中市陳平國小的陳美惠老師更有意思，她在我演示了一段「味覺作文」教學後，寫下了一篇洋洋灑灑的「味覺作文研習有感」——吃老婆餅的滋味。（請參閱本書35頁）

二十多種的創意作文教學法，逐一教學演示過後，每一次都帶給參與研習的老師們鮮活有趣的作文新點子，幾乎每位老師都覺得收穫滿多。尤其是新詩的教與寫，不僅增強了他們教學新詩的勇氣和信心，更啟發了老師們從此不但懂得欣賞新詩、喜歡新詩，進而也敢提筆寫新詩了。台南市教育局沈瑞南督學，在看完我的一堂創意作文教學過後，握著我的手說：「林老師你這一場教學演示，對老師們的教學實在幫助很大，研習會就是要請一些像你這樣的講師來上課，老師們才會喜歡參加研習會。」像這樣的肯定和讚賞，每次教學過後，都會紛至沓來。無疑的，這是辛苦教學過後的最大安慰。

出版的消息在報章雜誌上披露以後，便陸陸續續受到來自各方面的鼓勵和關照。屏東師院語文系陸又新教授，在電話裡談起書中的內容，如數家珍，好令人感動，還特地多買了十本，作爲語文系辦活動時的獎品；教育系的張秀敏教授，看了這本書後，到處向他的學生說：「這才是眞正的作文參考書，應該買一本好好地看。」因而使本書頓時成了師院旁的復文書局的暢銷書。也特別聘請我去師院跟師院生講「創意作文及童詩寫作」。

我家老三律君在政大英文系時的導師江敏之教授，據說她把我這本書擺在牀頭，每天臨睡前都要看上幾頁，在甜蜜的微笑中進入夢鄉。因爲覺得書太好了，所以問我女兒在哪兒可買到，想買兩本送給她兩位就讀北一女的女兒的國文老師，老三暗中把消息透露給我，我立刻寄了兩本給她。江教授的幾位朋友看了此書，也想擁有，她不好意思再讓我送書，親自跑到「萬卷樓」又買了三本送朋友。暑假見面時，她高興的告訴我，她指導大學生英文作文時，還曾用了不少書中的新點子呢！

編寫高中國文趣味教學手冊、主編翰林新版高中國文課本，獲得教育部評審爲優等第一名的宋裕老師，看到這本書以後，二話不說便買了十本，分送給他在高中任教的好朋友，並透過「國文天地」的牽線，找我談合作出書的事情。因為這本書的出版，如今我和宋老師已經成了無所不談的好朋友，也合編了兩本書。

八十八年五月上旬，忽然接到通知：「創意作文與新詩教寫」一書榮獲台灣省教育人員研究著作甲等獎，並獲頒四萬元獎金。六月二日風風光光地應邀參觀亞哥花園，接受廳長晚宴招待，當晚住進台中最豪華的飯店，第二天隆重地參加頒獎典禮。這是本世紀最後一次，也是台灣省的末代著作獎頒獎活動，很榮幸的居然被我趕搭上了，因此內心的喜悅真是筆墨難以形容的。

記得，我在「國文天地」發表的第一篇拙作是「名家小詩孕育少年詩」（民國八十五年六月份），作品問世後，就接到不少回響。其中嘉義布袋大一學生邱珮華的來信，最令我和學生感動，所以隔期我針對邱同學的信，又發表了一篇「回響、感謝、解惑」來回應（兩篇均收錄在書中）。為了感念她當時至情至性的精神鼓勵，如今出書了，我特地寄一本給她。當她看到書之後，即刻來了一封信，信是這樣寫的：

> 每次在雜誌上看您的文章，幾乎都能想見當時的情境，感覺得到那時活絡的氣氛，更有思緒不斷翻湧的悸動和興奮！我常常不禁要想：教學怎麼能夠這般靈活而多

采多姿，怎麼能夠有這麼多推陳出新的妙點子帶進教室？還有汩汩由字裡行間流露出的、無盡的熱忱和熱勁？……這樣的作文課，所學得的就不僅僅是作文了，好幸福的學生和老師啊！

這麼好的教學，原本就不應該只有千百人知道、享用。「創意作文與新詩教寫」一書，相信成就的不但是您教學有成的心血，也將會是萬千老師和學生們的一大福音。

您知道嗎？當我翻完書前那一篇篇序文的時候，我發現自己居然是微笑著的，心情平靜而祥和，好溫馨的感覺，這種心情，相信您也一定懂的！

看了序文，又再三看了摺封口的那兩張照片，微笑盪得更開更深。那不再是單單一本「書」的感覺，是一家子的生活和深厚的情感；看書也就不僅僅是文字，還有書中人的生活、影像及音容笑語……千言萬語，我真不禁要說一句：啊！真好！

原來，我也和傅武光先生一樣，沒想到您已是當阿公的年齡了。但是同時也驗證了一句話：腹有詩書氣自華。

謝謝您！您的贈書之誼，以及此書所帶來的無限喜悅與受用不盡。美好的事物總是令人特別期待，我也不禁同您女兒一般，開始期待著您的第二本、第三本書了。我想您總要出一本關於家庭教育的書，才能滿足大家的好奇和嚮往。我也相當期待：是如何的家庭教育，能教育出如此的書香門第；如何的家庭互動，才能塑造這般令人會心的無限創意？

八十九年農曆春節前夕，邱珮華從台南新營寄來一張賀卡，賀卡上寫著：

一直沒有告訴您，我是師範學院的學生，現在我已當了半年的國小老師（代課抵實習），收到您的書之後，我很仔細地做了整理和思考，然後我把您的經驗和方法用在學生作文上。很高興我們班三年級小朋友的作文不比高年級遜色，每一位小朋友對作文充滿自信和期待。這是孩子們第一次寫作文，也慶幸如此，我才能營造一個充滿成就、沒有挫敗的作文環境和心理，我將孩子的作文製作成書，現在已經有四本，另有兩本新詩。衷心感謝您讓我和孩子們有機會如此看待作文。

九十年四月二十三日忽然又接到邱老師從台北縣樹林市寄來的包裹，裡面除了有一封信外，另有一本邱老師替小朋友製作的作文集，其精緻程度簡直不輸給一般精裝本的作文書，令我愛不釋手。她用兩張半信紙寫就的來信中，有兩段話很令我窩心和感動：

今年是我教書的第二年，換了一所學校，才發現原來「作文」在很多老師眼中，是很不好處理的科目；幸運的我，在沒當老師之前，就先遇見了您，看了您的文章和書，對我兩年來的作文教學助益匪淺；因為有好的開始，才讓我對作文教學充滿了莫大的信心和興趣。

您對作文的想法和方法，讓我在指導寫作時，有一個堅持的方向——第一重要的是讓學生不會害怕寫作文，再來才是文句的通順。我最愛您在作文中適時協助小朋友，不要讓他們遇到瓶頸，這個方法真好真棒！雖然作文課，老師不再能安逸地坐著，可是批改作文時的成就感，抵償辛苦是綽綽有餘的。

「創意作文與新詩教寫」正式出版以來，像邱珮華老師這樣誠摯感人的回響、肯定，以溫馨的鼓勵，源源不絕地湧來。人非草木，我豈能不爲之動容、感激不盡呢？謝謝您們！我會銘記在心的。

我之所以不厭其煩地把邱老師在作文教學上的成長歷程披露出來，其目的是想把邱老師的成長當作一面鏡子，藉著她的光和熱，多少給有志於作文教學的同好一些觸發和啓迪。至盼得到您的認同和掌聲。

自從「創意作文與新詩教寫」出書以來，至今已經兩年多了。這兩年多來，我和我的學生在作文和新詩的教學上，我們又共同採擷了許多新的創意和美妙的花朵。加上這期間我在各縣市教學研習會及文藝研習營裡，也造就了幾篇教學演示的成果報導。如今再度匯集成一本嶄新的「超ㄅ一ㄤ丶的創意作文及新詩教寫」一書，正式問世，但願您會喜歡。

在和眾多老師互動的過程中，有部分老師向我問道：除了新點子的創意作文外，其他普通的、常寫的、平凡的、淺白的生活化作文題材，要怎樣寫出生動、活潑有創意的內容？也有老師好意的提醒我：「創」書除了提供給老師擁有外，請別忘了廣大學生群的需求。因此，這本「超」書，也就多了這兩方面的設計——「動腦與回饋」。

這兩年多來，「創」書受到眾多讀友的愛顧，所以又加印了一次。期間也先後出版了青少年童話「小白兔尋師記」（百世文化）、「創意作文批改範例」（萬卷樓），另外還和宋裕、呂淑玲老師合寫「國中國語文表達能力增強手冊一百回」第一、二輯（翰林出版）等書。這一連串的出書喜訊，不斷衝擊著我，使我的生活充滿了希望和快樂。啊！出書的感覺實在太好了。

最後，我再一次感謝我那些可愛的學生、參與研習的老師們及邱珮華、宋裕老師，尤其是萬卷樓圖書公司梁錦興總經理的鼎力支持，以及愛護我的廣大讀者，因為有你們的不斷鼓勵和愛護，出書的感覺才會這麼美好。

新鮮、奇特的創意作文饗宴

記一場台上台下滿心歡喜的研習會

早上玉山國中吳主任就先賣了個關子，說今天的研習方式不同以往，保證大家不虛此行。上了課之後，果然獲益匪淺。今天回家以後，八點檔電視劇不看了，因為有更吸引我的「創意作文與新詩教寫」等著和我約會哩！

這一段話是嘉義市北興國中張月華老師，在八十八年七月七日國文科教師研習會上，聽完了我的「新詩教寫」和「創意作文」課後，於臨下課前，她隨意寫下的「心頭話」。

凡是參加過研習會的國文老師，多少都會存有一個印象：研習是一件例行公事，也是一場大拜拜，不必冀望有什麼大收穫。也許會有很多人不相信，我的講授內容有這麼大的魅力，能夠讓迷上八點檔連續劇的人，放棄不看而改看我的書，實在很令我感到受寵若驚、匪夷所思。

其實，不僅僅張月華老師有如此滿心歡喜的感受，其他參與研習的老師們，幾乎個個都是感同身受，甚感不虛此行。例如北園國中陳豔青老師還更深入地剖析她的感受：

這是一次新鮮、奇特的饗宴，對於作文教學自認為經驗豐富的我，沒想到今天上過這次研習，才發現作文教學的「別有洞天」。竟然可以不必道貌岸然地承襲傳統的教學方式，而可以如此「離經叛道」，真是太精彩了。往後必當精研林老師的新鮮點子，融入自己的作文教學當中。

這樣的神奇經驗，這樣特別的研習方式，這樣與眾不同的講師，讓我們收穫良多，獲益匪淺。雖然一天下來時間有點兒冗長，但不至於使人感到枯燥，反而有意猶未盡之感。

希望往後的國文科研習，都能請到這麼有創意的講師，讓我們的國文科教學能更生動活潑，而不至於永遠給人「老古板」的印象。

這一場在嘉義市玉山國中的國文科研習會，我的講授時間是從上午十時到十二時，下午一時半起至四時半止，經歷了五個小時。時間上的確冗長了些，但是上午我利用投影片、各種應時水果、日常用品、圖片、板畫等，帶領老師們怎樣去教學生習作新詩；在指導的過程中，我同時要求老師們自己也能夠從中觸發靈感，創作出兩首以上的新詩，否則我陪他們中午不得用餐。因此，大家就在既新鮮又緊張的氣氛下，完成了「新詩教寫」的課程。

下午，我則應用錄影帶、電影、恐怖箱、吃冰、訪問于校長、雙向座談、心得寫作等各種生動、活潑、有趣的活動，完成了十幾種「創意作文」的教學演示。三小時下來，自始至終沒有冷場過，難怪在老師們的「心得回饋」中，幾乎沒有發現哪位老師不是滿心歡喜感謝的。例如北興國中的陳婉敏老師是這樣寫的：

過去沒有的經驗、枯澀的心思，今天的研習，反覺得好充實、好溫馨。從心底裡感到林老師的教學，是如此多采多姿，用心有致。所帶領的教學資源琳琅滿目，想出來的創意作文、引領寫作的方式，竟然是如此「創新的創新」——有看影片寫作文、有摸恐怖箱、有邊吃冰邊寫吃冰的滋味……想想自己，的確是太呆澀了。

今後，自己的教學，應當從今天聽了林老師的講解後，每回上講台前，必得動動腦，求個更富有創意的教學活動。

在十多種的創意作文教學中，每介紹完一種新點子，我都會留出一點兒空檔，要他們腦力激盪；或提問、或創意、或提筆寫回饋……總是盼望他們用心投入，汲取活水，泉湧在教學上。看看他們認眞積極的態度，實在令人感佩，在此選錄幾則，提供給讀者了解台上台下是如何互動、投入，同時也希望帶給你一股活水泉湧。

從看「獼猴爸爸」的影片開始，接受創意作文教學法的新知，一段紀錄片，可提供的作文題材，豈止是保育性、教育性而已。摸「恐怖箱」的表情，吃冰的滋味……直到逆向思考作文「不是母親節的日子」，看電影寫影評……我是那麼投入在老師的講解中，又是那麼感動。下次再教作文時，我會有更多的信心和技巧，並有更新鮮的上課經驗。尤其是吃冰的分解動作，轉化成文字的那一種絕招，我會牢牢記住。

（北園國中　廖秀萍）

記得那天，一大早就是火傘高張，同學們升完旗回到教室，個個滿頭大汗、氣喘如牛。第一節是國文課，這一週的進度是古蒙仁的「吃冰的滋味」，我叫班長到辦公室的冰箱拿台糖冰棒。孩子們有的大呼小叫，有的睜大眼睛不停地問：「老師，妳真的要請我們吃冰嗎？」冰棒拿來了，人手一支，我也開始介紹作者，並且比較一下昔日與今日冰品的不同。直到今天，我才恍然大悟：同樣請同學吃冰，林老師可以用來寫創意作文，我卻只用來引起學習課文的動機。啊！我好佩服林老師的巧思。

（蘭潭國中　葉秀姿）

對於寫作，我和學生都是同樣的心情：好怕！好怕！學生怕寫，我怕教。也曾試著與同學作劇本創作、短詩習作等，只可惜當時無前例可循，亦無人可諮詢，只好草草了事。但今天上了林老師的新詩教寫及創意作文後，對於如何引發孩子的詩心，已有了心得和信心，以後再也不會畏懼上作文課，也相信學生會更樂意寫作文。

（興華中學　羅采芸）

一天的研習活動，林老師的講課多姿多采，內容豐富，使我受益良多，非常感謝！譬如在逆向思考作文方面，從「不是母親節的日子」，讓我聯想到現在一般學生的零用錢比較多，所以每節下課都往福利社跑，買零食吃，等到中午吃便當時，飯就吃不下了，留下很多剩飯剩菜，非常可惜！所以以後要讓學生們寫一篇作文「沒有飯吃的日子」，讓他們親身體驗什麼是「飢餓三十」的滋味。

（蘭澤國中　江潔雄）

這是一個既熱鬧又豐富的研習，也是一個角色常混淆的研習。請學生吃過冰，卻未能請他們細細體會吃冰的滋味，猶如我也早已遺忘仔細領略學生的心情。「得君一席言，勝讀十年書。」在創意作文教學中，確實為我解決了許多疑惑。

（北興國中　黃英虹）

作文是一種整體綜合的國文程度展現。藉由創意作文的教學，可以讓同學不再那麼畏懼寫作。實在太謝謝林老師了，雖然從外表上可以看出您已是「老資格」的老師，但您卻有一顆最靈活、最頑皮不羈的心！您能有這麼多的好作品，經由與您真正的接觸後，我如今一點也不訝異！

（興華中學　方秋燕）

平日常從「國語日報」找尋新鮮的題材，今日在林老師的現身說法中，獲得更多作文的教學法，實在非常感謝，日後在教學中又可添增些情趣。以前教「楊桃樹」時，曾請同學喝楊桃汁，師生盡歡。日後定學林老師，利用此機會給學生習作新詩、散文，以文字表達心情。

（北園國中　李佳芬）

教學多年，一直未能對作文教學有系統地指導學生，內心深感愧疚。今天從林老師處獲得這麼多有創意的新點子，真是不虛此行。我想今年暑假，我最重要的功課是對自己的作文教學，能夠作一番完整的整理。

（大業國中　蔡淑卿）

我之所以經常風塵僕僕、早出晚歸、不辭辛勞、樂此不疲地巡迴各縣市作教學演示，無非是想讓大家認爲對作文教學很有助益的創意作文，以及在教學園地裡荒蕪已久的新詩教學，貢獻出一己的綿薄之力。

同時，我也希望自己在教學過程中，汲取其他老師們的新穎經驗，讓自己同步成長；因為一個人的腦袋，所能想出來的新點子，畢竟是有限的。就像這次嘉義市之行，我就從與會老師們的身上，學到了許多寶貴的經驗，不但可充實自己的教學內容，而且也可以作為下次巡迴教學的材料，讓其他國文科同仁收穫更多。今簡列出重要的幾項，供大家同步成長：

一、曾試著將電視、報紙、雜誌等媒體中誘人的廣告，當作作文題材，獲得學生很好的回響。（北園國中　李佳芬）

二、論說文的題材，如「我對考試的看法」，以分組討論方式共作（先自作）成一篇較像樣的作文，對中下等學生幫助很大。（蘭潭國中　葉秀姿）

三、設計沒結局的「兩難」故事，先讓同學們討論有可能的後續發展，並說明其理由（論說），等大家進入狀況後，再各自編寫「後續故事」（擴寫）。返家後我的第一篇作文，就利用這個點子，設計成「故事急轉彎」的作文題目。（本原始設計人未署名見下頁）

四、作文小列車（設計人：興華中學　羅采芸）

㈠由同學寫成四張紙條，折好投入（最好加些文學料）。

㈡每人輪流抽出（各一張）。

㈢將所得資訊（四張）。

㈣串連成一個有文學料的小故事。

優點：寓教於遊戲中，同學也會較熱中。

五、大業國中蔡淑卿老師凝視木瓜圖片時，竟然覺得那木瓜像炸彈。因此產生了深刻體悟：即使再簡單、平常的事物，還是要實體的展示，方能引發多方面的思考角度；宏仁女中陳秀勤老師認為我的「先民智慧諺語」教學，不該局限於本土，應該中、外皆可等看法，都很值得參考。

一天研習下來，台上台下都打成一片，不分彼此；主辦單位教育局主任督學、劉督學，承辦單位玉山國中于貽屋校長、吳素惠主任等工作人員，看到參與研習的老師們，個個笑逐顏開、收穫滿心懷時，也都樂得忘了籌備工作的辛勞。而我，更忘了一天的疲憊，帶著大家給我的感謝、肯定、期許與祝福，喜孜孜地踏上歸途。此時此刻我的心情，大概可以藉著在臨下課前，有位老師遞給我的一張便條，很貼切溫馨地詮釋出來：

林老師您好：

今日的研習，帶給我很多的「奇思異想」，腦筋轉了好幾圈，靈活了不少，太感謝您了！日後如有相關訊息，盼能繼續傾囊相授，使國文這塊園圃，能因您而綠意盎然，萬紫千紅！祝福您

萬事如意

宏仁女中陳淑娟敬啟

就是因為衝著陳老師的這句話：「日後如有相關訊息，盼能繼續傾囊相授，使國文這塊園圃，能因您而綠意盎然，萬紫千紅！」所以我才繼續不斷地想出新點子、新招數，一篇篇不停地寫，而完成了這本「超ㄅㄧㄤˋ的創意作文及新詩教寫」。在此非常感謝陳老師，以及參與研習老師們的肯定與鼓勵。

壹、創意作文

創意味覺作文

吃冰的滋味

教育部新編的國中國文課本第二冊第十三課，是一篇鄉土文學作品，作者是雲林縣人林日揚先生（筆名古蒙仁），題目是「吃冰的滋味」。

這篇課文主要在記敍作者對童年吃冰的甜美回憶，他所謂「吃冰的滋味」，並不在口中，倒是在心頭；也不是現在進行式的吃冰感受，而是懷念台灣在四、五十年代，人們以誠信相待，物質雖簡陋，生活中卻有無窮樂趣的一種懷舊情感。

當國文課上到這兒時，有許多同學覺得意猶未盡，讀後有被吊胃口的感覺。每個人心裡好想眞正地大啖一頓冰，然後把吃冰的滋味眞眞實實地、淋漓盡致地寫出來，那才是寫作文的一大享受。

今年（八十七年）五月中，我剛出爐不久的新書「創意作文與新詩教寫」，得到教育廳「八十八年度台灣省獎勵教育人員研究著作」甲等獎，消息傳到學校，學校在玄關貼了一個大紅榜，同學們看了，紛紛要我請客。

這下「請客」有理，寫「吃冰的滋味」更可說是「一兼二顧，摸蜆仔兼洗褲」（台灣諺語）。於是，我利用作文課的時間，在無預警的情況下，請大家吃冰，無非是想送給大夥兒一個「驚喜」。

今天午睡一起來，雖然很想再睡一會兒，但老師來了，吩咐兩位同學出去辦事，也不知道是什麼事？過了一會兒，那兩位同學手上拿著大包小包的「雪特」甜筒，分給我們全班每人一支。正一臉睡相的我，一看到有吃的，馬上精神就振奮了起來，雖然不知道老師為什麼要請客，但管他三七二十一，吃了再說吧。（邱俊豪）

今天是不是要下紅雨啦？平常看起來挺小氣的林老師，竟然大方地請全班吃冰，真是令人不敢相信！（謝松岳）

由於我們國文老師所著的「創意作文與新詩教寫」得到著作甲等獎，領到四萬元獎金，哇！天大的數目。當消息傳到我們耳朵時，我們就紛紛向老師要求請客，真想不到今天老師居然會買甜筒請我們吃，真是太「ㄌㄚ ㄎㄧ」了。（邱怡芬）

在一個氣候涼爽，蟬聲綿綿的午後，每個人都還在美妙的夢境裡漫遊時。忽然一陣鐘聲，使人心不甘情不願地從甜美的夢鄉拉回到現實……奇怪！林老師怎麼在跟班長嘀咕些什麼？等林老師一說完，班長蔡緯屏就帶著一位同學飛奔出去。等他們回來後，大家才恍然大悟，原來林老師要請我們吃冰，順便把本學期最後一篇作文也解決掉，真是一個「一石二鳥」的好方法。（黃豐原）

這些讓我非常「驚喜」——沒想到同學們寫在文前，將為什麼會吃到冰的理由，寫得這麼生動多樣，全班四十二位同學，文章開頭的方式幾乎沒有雷同的。如果想出一本「作文開頭面面觀」的專書，這些將是很難得的範例。這種意外的驚喜，大概應歸功於請同學吃冰的魅力吧！

不僅僅開頭生動活潑又多樣，而且接下來描寫冰的外觀、造型，以及和口水互動的情景，譬喻得更是多采多姿，令人看了禁不住要莞爾一笑。

一支支漂亮的甜筒，從透明的包裝袋裡跳了出來；從同學的手中，看它們個個穿著艷麗的外衣，一會會變成慶生帽，一會兒變成麥克風、路障，或高聳的金字塔。可是，誰又知道：待會兒它們將跌入萬劫不復的深淵，摔落深不可測的黑洞裡。（謝明謙）

甜筒剛拿到手，大家臉上都難掩雀躍不已的表情，每個人就像稚氣般的小孩子等著糖吃一樣；味蕾在起化學作用，口水在口腔裡氾濫，每個人的眼珠子被甜筒黏住了，只有等老師的一聲令下，才有解脫的可能。（馮念慈）

放在桌上的甜筒，好像數學課教的圓錐，也像堂妹生日時戴的尖帽子。撕開包裝紙，頂端是巧克力，覆蓋在白色冰淇淋上，就像喝咖啡時加入奶精的樣子，令人看了好想一親芳澤。（洪新惠）

冰的魅力無人能擋，冰的誘惑更無人能破，尤其是小孩子面對誘人的甜筒，更是被迷得神魂顛倒。不等我一聲「開動」，就已經有不少經不起誘惑的同學，偷偷地一親甜筒的「芳澤」了。

當我打開甜筒的封蓋，濃濃的香草和巧克力香，一陣陣地傳到鼻子裡，口水都快流了出來，忍不住地大咬一口，那清涼香甜的滋味，把身體的暑氣立刻降了下來，幾乎全身透涼。（劉誌文）

哇！它可是「混血兒」呢！又黑又白也有褐色的「聯合國」女兒吔。一口咬下去，香濃的巧克力和脆脆的花生粒，冰冰地融化在嘴裡，真有夠爽啊！別班可沒有的午後甜點吔！嫉妒吧！

（張瀞文）

慢慢脫下它的外衣，原來是剝著平頭的冰淇淋，白白的香草冰淇淋上，還不規則地散雜著碎花生，而接觸空氣的裸露部分，還穿著一件薄薄的巧克力洋裝，洋裝下卻穿了一條脆脆的網狀餅乾褲子，這一身的「酷」打扮，似乎在告訴我的下意識：「先咬我一口再說吧！」剛咬下去的那一剎那，我的牙齒碰觸到冰淇淋的時候，一股沁涼的感覺傳遍了全身，然後我把它含在嘴中，冰漸漸融化在我的口裡，頓時，我覺得更清涼了。

（陳淑雅）

第一次口齒、舌頭的「致命」吸引力的接觸，久久不能讓人忘懷的涼酥酥快感，沒有親身去用「心」體驗吃冰的人，是感受不出來的。有許多同學告訴我：平常大口大口地吃冰，也吃了千百次，卻從來沒有吃出感覺來。爲什麼在課堂上，在作文課時，會吃出這麼多感覺，寫出令自己也覺得不可思議的、新鮮有味的作文？個中原因相信很多，如果由我來解答，未免有「老王賣瓜」之嫌，這個任務就交給每次考試都很客氣、不想考很高分的洪菑蕁同學，用作文來說明。

冰以前我常常吃，今天是老師請的，感覺很不同，比起以前吃的冰還要好吃，因為是老師請的，吃起來有老師的味道，我不是馬屁精，只是愛講真話。想到平常老師是嚴肅的，今天卻好開放，感覺怪怪的，可是覺得很親切，我很喜歡這種感覺，謝謝老師請吃冰，也恭喜老師得獎，吃冰的滋味實在令我永生難忘。（洪葿蕁）

吃冰的滋味除了寫自己的感覺以外，看看別人的吃相，寫寫眾生百態，也是作文課的一大樂事：

在老師一聲令下，同學們就像非洲難民般地狼吞虎嚥起來。我邊吃邊仔細觀察同學的吃相，有的舉止文雅，有的大口大口吃，好像怕別人搶走似的，真是「一樣米養百樣人」啊！（黃豐原）

一口咬下去，冰冰涼涼、香甜可口，好吃極了。有些人還邊吃邊滴，不知道是口水，還是冰，所以到處向人借衛生紙呢！（洪新惠）

欣賞別人吃冰也可算是一種享受；有些人狼吞虎嚥，有些人卻為了形象，斯斯文文的活像小淑女，一小口一小口地吃……啊！我不敢再看下去了，免得我的口水會控制不住了。（蔡緯屏）

抬起頭來看到同學們都津津有味地吃著，也看到老師臉上沾滿了巧克力和香草冰淇淋，樣子好可愛哦！冰一下子就吃完了，但吃冰的滋味卻久久不能忘懷。（邱怡芬）

冰，有吃完的時候，但吃冰的滋味卻令人懷念不已。這時候會有許多人，很自然地懷念起以前吃冰的種種往事，如果把它寫下來，和今天吃冰的滋味一比較，不是很有「紅花、綠葉」相襯托的作用嗎？也是一次難得的作文插敍法的練習。

吃冰的滋味，每一次都不同。今天是為慶賀而吃冰，總覺得愈吃愈香，愈吃愈好吃；從前有一次，也是吃冰慶祝，但那時我正好牙痛，卻因嘴饞，硬是要吃，結果可想而知，吃完馬上跑牙科診所，真是一次痛苦又難忘的經驗。（吳筱琳）

小時候吃冰的記憶其實是滿多的，那時因爸爸是和「杜老爺」有生意上的往來，常常會拿甜筒回來，讓我們吃得不亦樂乎。巧克力的甜、香草的清新、葡萄的果香，以及其他林林總總的好滋味，交織成童年中每一個夏天的回想曲。有時在出外時，塞車是最教人受不了的事，倘若撐到休息站（從小休息站就是我的天堂），必定買上幾支甜筒大啖一番，那種悠閒的感覺，真是筆墨難以形容的。不過，再怎麼說，都比不上這次吃冰來得有意義，因為心中充滿了光榮的感覺。（鄭安婷）

同樣是吃冰，但是感覺卻很不一樣。在家吃冰，還必須趁媽媽不注意，偷偷摸摸地吃，要是不小心被大嘴巴的妹妹捉到了，那我可就慘兮兮了；可是，很榮幸的，從來沒有像這一次這麼深刻的吃冰經驗。我想：我會畢生難忘的。（馮念慈）

道盡了吃冰的陳年往事過後，不管是甜蜜的或是痛苦的經驗，最後還得回到現實，帶回到主題，作一個總結。但是，有些崇拜浪漫主義的作文高手，他們不喜歡一成不變的依照傳統，慎重其事地再來一段結語呼應前段，作爲文章完美的結束。例如，前面的安婷和念慈兩位同學，她倆利用過往的吃冰經驗，和現今的吃冰滋味兩相對照，只寫了二三行字，就比出了這次吃冰的妙、吃冰的棒，同時也回到現實、帶回到主題。不但把這篇作文用三言兩語畫下了漂亮的句號，而且還算穩住了整篇作文的陣腳。

不過，這種技巧不是人人可以出招，也不是每篇作文可以使上力的。有時候應用不當，或技巧不夠成熟，屆時應驗了「畫虎不成反類犬」時，可不是好玩的。所以，大部分的同學還是穩穩當當地加了一段漂亮的結束語！

夏天一到，各種琳琅滿目的冰品也紛紛上市。你可以細細品嘗，也可以大快朵頤，但還是要注意衛生，不宜吃得過量，萬一吃壞了肚子，就後悔莫及了。（洪新惠）

在這兒恭喜老師的新書得了大獎，真是不簡單，實在太厲害了。希望老師再接再厲，出更多更好的書，得更多更大的獎，請我們吃更多更好的冰，讓大家更有口福。（吳筱琳）

經過今天老師的大請客，我才發現其實老師並不是小氣到連一毛都不拔，原來老師也是滿大方的嘛！真不愧是為人師表的好榜樣。（黃暐萍）

記得五月十八日，我應邀去台南市金城國中，擔任全市國中國文科教師研習會上的教學演示講座時，安順國中陳妙瑛老師在「研習心得」上，提出一個問題說：「在上到『吃冰的滋味』一文時，也提議大家一起在課堂上吃吃冰，談談感受。可是孩子卻說：吃冰可以，心得感想就免了。心中的好點子，常因孩子們的放不開或拒絕而放棄，眞的很令人洩氣。」

陳老師的遺憾，也許是許多想創新作文教學的老師們碰到的共同難題。相信看了本篇的教學過程，以及同學們的表現後，多少會帶給老師、同學們更大的信心才對。其實當老師想到新點子時，便要義無反顧地去主導、進行，因爲，大多數的同學終究是聽從自信心十足的老師之教學。在這，我提出兩位同學的「結語」作爲佐證。

在此我要謝謝老師的冰淇淋，還有蔡緯屏、謝明謙同學的辛苦跑腿。同時也希望像這樣的「創意作文」，可以一代一代傳下去，讓以後的學生不會對作文產生恐懼感，而老師也不會因學生狗屁不通的作文氣得火冒三丈，這時候師生才真的「有福氣」啦！

（林育辰）

從來沒有過的吃冰課，既然是我們最愛「念經」的國文老師所帶來的。不但大家都沒有當面向國文老師恭喜得獎，說一些肉麻、噁心的恭維話，反而有些「搞怪」的同學還對他「吐槽」。老師仍然很「酷」地自掏腰包請客，實在讓我佩服得不能不說：「老師，你真行！」

（張瀞文）

◎作法範例：供你參考——

吃老婆餅的滋味

台中市陳平國小　陳美惠

今天的研習大概是我參加過最有意思的，因爲我們竟要邊吃邊寫作文。本來還想今天占了便宜了，等到林教授說明完如何邊吃邊寫作文，我才恍然大悟天下果然沒有白吃的午餐。

林教授要我們先觀察一塊台中名產——老婆餅的外型，然後再聞一聞它的味道，最後才可以祭五臟廟。但是可不能狼吞虎嚥般地吃喔，而是要慢慢品嘗一口，感受這塊餅在口中如何被分解；食物通過食道抵達胃，這個過程中，自己的身體器官反應如何。那可就不容易了。

老婆餅有著一個接近橢圓、略爲豐滿的外型。顏色是黃色、咖啡色混合。感覺有些脆弱，因爲稍一碰撞，外皮就會散落一地。老師提醒我們要小心拿好時，我突然想到爲什麼這個餅叫做老婆餅呢？是不是提醒男士們當他們享受妻子用青春與美麗容顏換來的幸福家庭時，還是要一本初衷的小心呵護她呢？

老婆餅的內餡味佳而甘甜，吃到口中，只覺一陣柔軟和香氣充滿嘴中直達鼻腔，讓人忍不住想要再吃一口，再一次感受那實在、不膩的口感。

我以前也吃過老婆餅，但都不曾細細體會做餅人的巧思，也不曾感受過老婆餅所給人的感動。感謝林教授教導我們這種另類寫作的方式，也給我一個心靈改革的經驗。回去以後，我不僅可以運用在我的教學上，我還要買一塊老婆餅請我先生享用，也給他一個心靈改革的機會吧！

動腦與回饋

一、請問文中的同學，是在什麼情況下吃到冰的？

二、同學把「甜筒」作了哪些譬喻？你能否也來幾個？

三、除了譬喻法，本文還運用哪些修辭法？請加以列舉出來。

四、你能否把林老師所提示的「吃冰的滋味」寫作重點歸納出來？

五、以你看林老師這篇「吃冰的滋味」作文教學，算不算成功？

六、讀完了全文，給你印象最深刻的是哪些部分？

七、請你自行設計一個或幾個理由（如看到本文），好好享受一頓你喜歡吃的冰品，然後把自己吃冰的過程和感受，創作出一篇比林老師的學生更「ㄅㄧㄤˋ」的作文。

題目：

兩岸交流的創意作文

我看到中國大陸的作文書

七、八年前，我去大陸遊覽時，面對招牌、公告、海報等所寫的簡體字，眞可說是一知半解，常常要請教「地陪」才能明白。當翻看大陸小學生的作文參考書時，只好利用文章的前後句，經過反覆練習比對後，識別簡體字已經有七、八成的把握。後來再參考「國文天地」一六六期（八十八年三月份）翁以倫老師所寫的「我看中共簡體字」（如附件㈠）一文的五種分類後，識別簡體字對我來說，已不是什麼大不了的事了。

有一天上課，無意間隨意板書了一個較罕見的簡體字，學生頓時哇哇叫，說看不懂。這時，靈感忽然一閃：何不指導他們認識大陸的簡體字，以免將來他們一旦有機會去中國大陸時，像我一樣不認識大陸的簡體字。

我問他們有沒有去過大陸？有沒有看過大陸的書籍？兩班八十多個學生，沒有一位去過大陸，也沒有一位看過、摸過中國大陸的書籍。問他們想不想看、想不想摸？大家都興奮地異口同聲大喊說：「想！」

有位機靈的學生站起來問我說：「老師您有中國大陸的書嗎？」「你說呢？」「我很懷疑！」「不必懷疑！」「有幾本？」「不少！」「怎麼來的？」「想知道一、二？」我看大家以期待的眼神看著我，於是我便決定以「我看到中國大陸的作文書」作爲下次作文的主題，讓他們去期待，讓他們晚上作「看到中國大陸書的夢」。

上課了，我提著一個沈甸甸的包包走進教室，並且大大的嘆了一口氣，嘴裡嘀咕了幾句，眼尖心細的同學便有話可說、有內容可抒了。

剛上課，老師就提著一大包書進來，還跟我們抱怨說：都沒人去幫他拿。我想：老師的袋子裡一定裝了很多很有「意義」的書，準備讓我們閱讀。果然，老師帶了二十幾本「中國大陸的作文書」，我一拿到書，翻開一看，天哪！全都是簡體字，看都看不懂，怎麼辦？（張朝棟）

今天，老師拖著蹣跚的步伐走進教室，帶著鼓鼓的包包，裡頭的東西好像要蹦出來似的。打開一看，原來是一堆舶來品——大陸來的作文書，約二十來本，對從不曾接觸過大陸文學的我們，實在太有意思了。（蘇裕隆）

我先前已經交代過今天作文課的主題及內容，所以二話不說地隔排發下作文書，請他們兩人共用一本，先看看、再摸摸，甚至不妨聞一聞，大陸的書究竟是什麼味道。如果還不能滿足他們的好奇心，可以和隔壁鄰居調換。觸摸過後，再把感覺記下來，作爲作文的部分內容。

你摸過大陸的書嗎？你看過簡體字的書嗎？如果在二十多年前，這是法令不准許的。但是今天，國文老師卻抱來了一大疊的大陸書，讓我們大看特看，令我們大開眼界。

（李悅娉）

又到了令人興奮的作文課了，國文老師又要出怪招了。果然，老師一到了教室，便開始發印有簡體字的作文書，真是奇怪！從來不讓我們寫簡字的林老師，怎麼會要我們讀這種書？這真是太陽要打西邊出來了。

（李勇震）

常讓我們「應接不暇」的林老師，今天拿了一大堆封面其醜無比的書本讓我們閱讀。天啊！那種看起來像從水溝撈起來的書，會有誰想看呢？但是出乎意料之外，看看別人，每個人都是一副津津有味的樣子，我只得「姑且」去翻了一下，沒想到這一翻，卻翻出了味道。

（潘俊仁）

爲什麼「封面其醜無比的書本」、「看起來像從水溝撈起來的書」，會讓這麼多學生看得「津津有味」、「翻出味道」來呢？想必書中必有其蹊蹺。

這次我們透過很「畸形」的管道，看到了中國大陸的書，一翻開，只能用「驚喜」二字來形容。沒想到大陸的字真是簡略得太畸形了。這時的我，忽然有一個念頭掠過：巴不得自己生在大陸，因為最起碼，寫回家功課時，也不用浪費太多的墨水嘛！當然相對的，寫功課的時間也就減少了許多。

（劉若梅）

打開書本，有一股奇特的書香味湧上心頭，這種感覺好像可追溯到中國大陸一般的奇特，超過時空，氣象萬千。可是本是同根生，卻不識中國的簡體字，在外國人看來，雖然有些不可思議，但是在本質上說來，簡體字實在是縮水得太過分了。就以林老師印發的「故乡的端午节」來說，半篇三百字不到的國中生作文，獎金一千元懸賞，全班竟然沒有一個人認得出全部的簡體字。

（謝易安）

一翻開書本，我心頭一慌：「怎麼都看不懂？」頓時我似乎成了一位不識字的「文盲」似的。這也難怪，因為裡頭全是一些長得怪怪的簡體字，這對完全沒看過簡體字的我，還真是吃不消啊！好在，熱心的老師印了張「簡、正」字的對照講義，讓大家可以興致勃勃地學習，更令大家瘋狂的，是那一千元獎金的釣餌。（李悅媁）

噢！學生爲什麼會「津津有味」？說穿了，是爲了那一千元獎金。我常認爲：爲了達成教學目標，營造教學氣氛，當老師的心中要常想到：設計各種誘因，使學生的學習慾望能夠不斷地提升；口惠、掌聲、加分、記點、嘉獎、向家長美言幾句，都是輕而易舉，且又很實惠的誘因，最後、最重的才是獎品、獎金的方式。像這次的作文教學，當我看到學生一個個被「變態」的簡體字，打得遍體鱗傷、垂頭喪氣時，隨即發下翁以倫老師的「簡體字五種簡正體對照」及內蒙古國中生的「故乡的端午节」（如附件㈡），並懸賞一千元給能一字不差地念出「故」文的同學。頓時，全班的學習情緒沸騰到最高點，可惜有一班，因爲有兩個字雖絞盡腦汁，仍無法解惑，只好求救於我，而喪失了獎金；另一班的謝明謙同學，只有作者李「论」不懂，而拿到了五百元獎金。這段過程，同學們都有不錯的陳述。

老師為了讓大家有興趣碰那些書，特別影印了一份講義，外帶半篇作文說：「誰能全部猜出裡面的內容，獎金一千元……聽到有錢可拿，全班都沸騰起來了，連我也不例外。一會兒問這個字，一會兒問那個字，忙得不亦樂乎，只可惜，獎金被人捷足先登了。（馮念慈）

「重賞之下必有勇夫」，全班聽到有獎金可拿，馬上埋頭苦幹，連平常很「散」的同學，也開始很努力地查。但是看了許久，始終看不出個所以然，因為文中有很多簡體字簡化到看不懂，老師說那些叫「變態字」，例如：「论」、「节」、「卫」、「儿」、「麦」、「孙」等，這些字讓人看了就會害怕，也很具有挑戰性。最後，我還是向老師舉白旗投降了。（李悅婷）

第一次看簡體字，要是沒有前後文，真的是很難猜得出來。而老師在這堂作文課中，特別印了半篇文章，只要全念完且沒錯的同學，便可得到一千元。班上的同學謝明謙，只念錯作者的名字「论」，老師仍須五百元鼓勵，真是令人歆羨。（簡宜蓁）

這堂作文課之所以有創意、有挑戰性，全賴同學們第一次碰到中國大陸的書，第一次遇到這麼多「畸形」的簡體字。因此，本文的重點在於怎麼去認識簡體字，認識得愈多，就愈有成就感。所以我告訴學生，作文中必須要有一大段介紹認識簡體字的方法，但不宜把講義中的「簡、正字對照」搬到作文中，應該簡單扼要有重點地用流暢的文句寫出來，這樣才不至於呆板生澀。這部分丁天欣同學是這樣寫的：

簡體字是以「古字」為經，「俗字」為緯，再補充或輔佐同音字、省體字、草書字等等組合而成。像云（雲）、梦（夢）是古體字；劝（勸）、补（補）是俗體字；干（乾）、运（運）是同音字；亲（親）、厂（廠）則是省體字。区（區）、认（認）為草體字（行書）。

介紹完了認識簡體字的方法之後，接著便要談論簡、正字的優劣點，比較兩種字體的長處、短處，尤其對簡體字的批判，更不可省略，因為在這兒可以充分的發揮同學們的思維、理解和判斷的能力。

老實說，寫簡體字真的方便多了，像「台湾」二字，真要寫繁體字，會累死人的。不過有些字筆畫本來就少，再「簡」下去就太過分了！更何況有些字被「簡」得太多了，根本無法猜出本意，變得好像有點喧賓奪主，這樣豈不太辜負創字的老祖宗了

嗎？（鄭安婷）

中國大陸的簡體字寫起來，的確比較迅速、方便，難怪會成為許多人的最愛。可惜有些對簡體字較不甚了解，或主張國粹的老師，就會抱著反對的意見，這也算是認識簡體字的一種阻力吧！（蔡緯屏）

雖然簡體字比咱們台灣的繁體字簡單、好寫許多，但是我覺得和古人的字體大異其趣，是一種非常可惜的遺憾。況且有些簡化得太離譜，令人不知其中所含的字根所意味的事情。畢竟，中國古老歷史所流傳下來的文字，恣意簡化並不是件好事。（丁天欣）

繁體字相信大家已有足夠的認識，但簡體字呢？大家對它的體認，似乎都把它當成中國大陸的文字，令人難以理解，以至於把它當成一種外來文字一樣看待。其實只要稍加整理，便會發現簡體字不難理解、不難體會，並且還很有趣，令人無法抗拒地想要去多鑽研它。（謝明謙）

唯一得到獎金的明謙，當他寫完了對簡體字的嚮往後，還意猶未盡地來一段利用簡體字寫成的文章，要同學們試看看，可以認識幾個字？

在台湾每到选择时，常有人买票，但那已是从前的事了，自从台湾政治改革后，民众已很少卖票了，社会正义也愈来愈高涨了。

這堂作文課的題目居然是「我看到中國大陸的作文書」，談了這麼多有關簡體字的事情以後，在作文即將接近尾聲時，便要抒發一下看過書以後的感觸和看法，以呼應前文和主題，以免偏離主題太遠，而忽略了切題性。

閱讀過後，只覺得真是大開眼界，居然只一海之隔，兩岸光是文字就有那麼大的不同，更何況是其他的文化呢？如果在有生之年，有機會去大陸的話，我想這堂作文課的幫助可就大了。

（劉若梅）

唉！看完了好幾篇的大陸文章，不知何故，總覺得他們的字好難看，看到自己國家的字，雖然筆畫多了些，但方方正正的，還滿好看的。大陸的字和我們的比較起來，我

覺得他們的字好「俗」哦！我以後還是少寫簡字好了。（李舒寧）

整節課好像是在猜謎，我們一邊看一邊猜，真是一堂有趣的課。簡體字讓我們更了解中國大陸，在邊看邊猜的過程中，我們學到了中國字的結構。生在這個時代真好，否則早進綠島監獄去了。（謝易安）

有不少的同學把「看中國大陸書」的讀後感，當作作文的結束語，就像上面四位同學的寫法，也滿不錯的。但是，有更多的同學以各種不同的角度、看法，來表達出對這堂課的感想和啟示，眞是百花齊放、各家爭鳴。不信？請看！

以前寫作文都不能寫簡字，寫這篇作文可就不同囉！我可以愛怎麼寫就怎麼寫，不用一個字一個字地刻，遇到筆畫多的字也沒問題了。而且知道對岸的文字，哪天去他們那兒玩時，也不用擔心會變成「文盲」，連公車都不會搭了。（吳筱琳）

經老師精心的指導，和講義的幫助，使我了解了大陸學生的文思活潑、思維清晰，作文造詣很高。無形中不僅推動兩岸文化交流，也提升了不少我的國學知識。

如果回到了二十年前，或許當寫完了這篇文章，我就看不到老師了。不過，今非昔比，兩岸交流了，我們才能認識到另一種文字。唉！政治戒嚴解除了，真好！

（鄭彥宏）

（李苕甄）

林老師果然是創意作文的始祖，在日常生活中一有靈感，就馬上可以當作寫作的題材。有時候光聽到題目就會嚇倒，但是這次的題目卻是很罕見的，讓我們寫起來津津有味，忍不住就寫了一大長串，而且「文字」本身就很有趣，非常值得去鑽研。

（張朝棟）

附件(一)

我看中共簡體字

（節錄）翁以倫

簡體字以「古字」爲經，「俗字」爲緯，再補充或輔佐以「同音字」（通假字）、「省體字」以及「草體字」（行書）等等組合而成。

今分類選錄常用各二十個字以見其端倪。

一、古體字（又名初文或本字。並以括弧內之正體字加以對照）

处（處）理、美丽（麗）、通达（達）、无（無）色、气（汽）油、丰（豐）滿、节（節）日、礼（禮）節、順从（從）、一个（個）、彩云（雲）、地介（界）、民众（衆）、做梦（夢）、外皃（貌）、芳艸（草）、參与（與）、摒弃（棄）、繪画（畫）、贯（貫）穿。

二、俗體字：

音响（響）、正义（義）、选（選）舉、盲点（點）、历（歷）史、紡织（識）、价（價）格、困难（難）、国（國）家、身体（體）、規劝（勸）、声（聲）音、經济（濟）、做寿（壽）、优（優）秀、会（會）議，應当（當）、歸还（還）、补（補）給、運动（動）。

三、音同字：（又稱通假字）

團园（圓）（**按**：「團」也寫俗字「团」）、进（進）步、拥（擁）有、胜（勝）利、皮肤（膚）、診疗（療）、肿（腫）大、積极（極）、中华（華）、轉运（運）、干（乾）燥、七窍（竅）、點灯（燈）（也是俗字）、沟（溝）通、山岭（嶺）（也是俗字）、飯厅

（廳）、稻谷（穀）（也是俗體字）、保护（護）、面（麵）包、艺（藝）人。

四、省體字

打开（開）、父亲（親）、安宁（寧）、里（裡）子、故乡（鄉）、女儿（兒）、鳥飞（飛）、分离（離）、田亩（畝）、吨（噸）亥、太阳（陽）、一条（條）、跟随（隨）、美术（術）、生产（產）、吃亏（虧）、事业（業）、早餐（餐）、广（廣）東、工厂（廠）、建筑（築）。

五、草體字（或行書）：

行为（爲）、于归（歸）、大门（門）（也爲俗字）、快乐（樂）、将（將）軍、選择（擇）、违（違）背、发（發）生、临（臨）行、陈（陳）述、区（區）域（也爲俗字）、认（認）識（也是通假）、剃头（頭）、肖龙（龍）、忠贞（貞）、汉（漢）人、和风（風）、山岗（崗）、開张（張）、法办（辦）（也爲俗字）。

從以上所列「簡、正」的對照裡，可知中共的簡體字都各有所本。

附件(二)

故鄉的端午節

內蒙古赤峯市十中　李论

端午节前的一个多月，爷爷就托人捎来信，叫我们回乡下的老家去过节。以前经常听爸爸说，乡下过节可有意思啦：这可吊起了我的胃口。

好不容易才盼到这一天。天刚亮，我们就搭便车来到了爷爷住的村子。我迫不及待地跳下车，一溜烟儿地向爷爷家跑去。

到了爷爷家门口，我愣住了，只见原来光秃秃的土门楼，上面插满了嫩绿的柳条，门两边各挂了一个足有一尺来长的葫芦，真像我们市区元宵节灯会的彩门一样。我推开门走进院，一边走一边大叫：「爷爷、奶奶，我来了。」爷爷闻声赶了出来，笑呵呵地说：「大孙女回来了，哈，又长高了，也胖了，快点进屋去。」屋里热气腾腾的，奶奶正在煮粽子。「饿了吧？马上就熟了。你先去拔点艾蒿回来。」奶奶一边问我，一边吩咐著爷爷。我一听拔艾蒿，立刻来了劲，紧跟著爷爷出了门。

乡下的空气真清新啊，一股泥土和青草的香味扑鼻而来，吸进去，甜丝丝的。地里的麦苗足有一尺多高了，绿油油的，非常整齐，象一块特别大的绿色地毯。在绿地毯上面，黄色的油菜花，又给它镶上了一块块图案。远处的山连绵起伏，迷迷蒙蒙的。采艾蒿的人可真多，一位叔叔嘴里轻快地打著口哨，一位阿姨还唱起了流行歌曲。

录自「中国学生作文年鉴」（初中卷）第十一页
——山西教育出版社——

動腦與回饋

一、你看過大陸的書嗎？若看過，則寫出怎麼看到的？若沒看過，那麼可寫些想看想摸的心情。

二、閱讀本文前，你對簡體字認識多少？閱讀本文後，你懂了多少？可列舉實例。

三、「簡正字對照表」對認識簡體字，相信幫助很大，這方面你可以比較有系統、有條理地列舉出來嗎？

四、現在大陸書在台灣已經很普遍，能夠的話，設法也去擁有幾本大陸書，或到書局、圖書館去翻閱一番。並提筆寫一篇「我看到了大陸書」，或「我對大陸簡體字的看法」。

題目：

題目既淺又白的創意作文(一)

我最像什麼水果？

一個人的創意活水，不可能長年累月地源源湧出，有時候難免會遇到「枯水期」。有一次很反常的，眼看就要上作文課了，作文題目左想右想還是想不出來，我焦慮地胡亂翻著報紙。忽然在報屁股上，看到「兒童園地」欄上有一個作文的大標題——媽說我最像蘋果，是某國小二年級小朋友寫的。這時候，愛「顛覆」傳統作文題目的我，心裡頭已經有了個「腹案」。

上課了，欣賞、檢討完上一篇作文之後，八十幾顆眼珠子瞪著我，等著我宣布新的作文題目，那種既期待又怕受傷害的眼神，讓人稱呼「百變先生」（記者筆下所賜）的我，實在不忍心再多吊他們胃口，只是笑笑地在綠板上寫下「我最像什麼水果？」。

沒想到小學二年級寫的題目，給國中二年級來寫，卻引起了不小的騷動，大家一看到題目，便異口同聲地「哇！」了出來，七嘴八舌、交頭接耳的吵著說要怎麼寫。這種場景，有幾位同學在文前寫得很逼眞，錄下幾則以供欣賞：

鐘聲響了，望眼看去，不知是什麼風，將平常沈睡的同學，早早地喚了起來。由於有上次怪怪題目的經驗，早已做好心理準備了，但還是膽戰心驚。故做鎮定的我，不禁打了一個寒噤，因為老師出了一道白得不能再白的題目「我最像什麼水果？」，真叫我不知如何下筆。

（李苔甄）

又來了！創意十足的林老師，今天又出了個怪怪的作文題目，要我們寫一篇自己長得像什麼水果的文章。題目一出現，便引起全班一陣騷動，作文課才剛要開始，同學們的情緒就已達到最高點了。

（李悅媁）

小草還是綠的，花兒也仍然開著！一切都是那麼正常。唯獨不同的是，我們可愛的林老師，今天又「起猶」了，居然出了一道幼稚園的題目——「我最像什麼水果？」。叫我們這些天才美少年來寫這種作文，豈不是「門縫裡看人」——把人看扁了。可是，當我提起筆要寫時，卻不知道要怎樣下筆。因為像我這樣「可愛」的人，不知道有什麼水果可以和我相提並論。啊！老師！您把我打敗了。

（潘俊仁）

「各位小姐、先生們！你們怎麼啦？這是小學二年級的題目吔！由你們國中二年級的來寫，還這麼哇哇叫，丟臉不丟臉呢？」

「好了，先安靜下來，等一會兒，特別給你們五分鐘時間，做『相公』、『相婆』（對看的意思），和你們自己的好朋友對看、商量，互相提供意見，到底你像什麼水果？不只限一種水果，可以依你們年歲的增長，有不同階段的比擬。」

「也想想看，過去有沒有人說你像什麼水果，各種水果的外型、顏色、特性，有沒有和你相似的地方，寫得愈逗趣愈傳神愈好。現在可以開始商量，但聲音可要小一點，多尊重別人一點。」

幾分鐘以後，大家陸陸續續回到自己的座位，專心地振筆疾書。看起來個個都自信滿滿，不像先前那麼的慌張著急。這大概是題目淺顯實際，只要老師適時重點提醒，同學們相互磋商提示，寫作的竅門自然大開，加上自己的生活體驗，像這類作文題目，當然寫起來得心應手，很好發揮了。現在選出同學四篇寫法各具特色的文章，供大家欣賞。

我最像什麼水果？

李悅嫥

小時候，我可是人圓臉也圓，胖嘟嘟的，天生臉頰也紅潤紅潤的，再加上外婆老愛把我洗得香噴噴。抱在懷裡，真的像抱一顆名副其實且改良過的紅蘋果。

到了國小六年級，正處於發育期嘛！臉上不免多點豆豆，看上去，就像一粒特大的荔枝，外表還是圓圓的、紅紅的，只是表面變得有點兒崎嶇，被稱爲荔枝，也不爲過。

當我生氣時，大家知道我像什麼嗎？不瞞你說，就像是一顆火龍果。外表朱紅，就如我已氣得面紅耳赤的臉；突出的果皮就像豎立的頭髮，而那襯著黑色芝麻又無甜味的白色果肉，像我那顆已冷卻的心，再無讓人有甜美的感覺。

讀完了以上我像什麼水果的報導後，你是否也覺得很有趣吧？沒想到身材、外表、情緒也能比喻成一種水果，不是很有趣嗎？建議大家不妨多觀察自己，你會發現更多有趣的事情喔！

我最像什麼水果？

張朝棟

小的時候，因爲我頭頂上沒有幾根毛，而且頭和身體的比例差不多是一比三，也有一點傻傻的，所以家人都叫我「大番薯」。

長大後，有同學說我像西瓜，因爲我外表看似平常，卻有一顆熱情如火、充滿青春活力的內心，還有人說我像奇異果，因爲平時不多話的我，偶爾也會有驚人之舉，有時會讓人甜，有時也會讓人酸；也有人說我像冬瓜、土豆，都是因爲我長得很像它們，我倒覺得他們的審美觀有待加强。

甚至有人說我像柳丁，小小一顆，卻能榨出那麼多汁，因爲我只要稍微運動一下，就會流了一游泳池的汗，我想不承認也不行，因爲他們說得都很合理，也很有「笑」果。

一直到現在，我才恍然大悟我自己真的像那麼多種水果，而每一種水果都各有特色，不但形容得好，還很貼切。

藉由這次作文課，我們又更深入地認識了班上同學，使我們的友誼更穩固，還能夠多認識自己，所以，我又上了一堂值得回味的課！

我最像什麼水果？

呂曉雯

從小，媽媽跟我就很喜歡——吃蘋果，媽媽常常對著我說：「娃兒，妳是媽媽心中的蘋果。」我不懂，媽媽說我笑得開心的臉龐，是她心中無價的好蘋果，時常逗她開心，我望向媽媽說：「那媽媽也是我心中的蘋果啊！是小叮噹所比不過的喔！」

然而，在哥哥眼中，我卻像顆枇杷，爲什麼這樣說呢？因爲，我啊！常常喜歡在哥哥約會的時候，坐在哥哥跟女朋友的中間，這時，哥哥總是會很苦惱地對我說：「我說，妹子啊！妳爲什麼每次都打擾我的好事，簡直像一顆枇杷，圓圓的臉像一支光亮的小電燈泡，而且電力還真不是普通的强。」我說：「這樣也不錯，停電的時候就不用緊張了。」

荔枝，果實外殼有龜甲紋，鮮紅的顏色就像顆紅寶石，給我堅强又剛硬的感覺，而果肉卻是嫩白細膩，我雖然不知道自己像什麼水果，但我卻希望成爲一顆荔枝，在有了堅强的外表之後，更能有一個圓滑又善解人意的內在，我想成爲這樣的一個人，既剛强又溫柔。

媽媽說不論我像什麼水果，在她眼中，我一直是她心中的那一顆蘋果，因爲媽媽說：我的笑容始終如一。

我最像什麼水果？

蘇婃詥

四周洋溢著誘人的香味，當我在找尋發出香味的來源時，猛然發現有一顆透著粉紅色，而且帶點優雅氣息的水蜜桃。

很幸運的，我的神祕分身，也就是那個許多人聞到就會迷戀的水蜜桃。我媽常和我那可愛又帶點稚氣的妹妹說：「妳要好好向妳姊姊學習，她啊！時時刻刻聞起來都是香的，即使流過汗再聞，也是香的。妳呢！愛蹦蹦跳跳的，所以大部分聞起來就比較臭。」

我班上的同學，只要一靠近我，第一句話就是：「妳有沒有搽香水？」爲了這事，我不知和多少同學解釋過：自己絕對没有搽香水的原因了。如果不相信，要不，你來我旁邊聞聞。

感覺彈指可破、而且透著粉紅色的最佳代表水蜜桃，我怎麼會像呢？有時我一緊張，就像腦充血一樣，感覺全身似乎在烤箱中，可想而知，那時我一定是滿臉通紅的；當我笑得很興奮的時候，臉也會染上一片紅潤。總之，我是超會臉紅的，加上我這晶瑩剔透的臉蛋兒，所以理所當然的像顆粉紅水蜜桃了。

甜甜的水蜜桃，是我愛吃的水果之一，它盛產於日本，但並不代表我是日本人，我可是道地的台灣土產。

想想自己像什麼水果，其實是一件很快樂的事。平常沒有想過這個問題，經過反覆思考這奇特的問題後，你會想到另一個自己，說不定，自己從未想到原來自己是這樣特別的人。

水蜜桃，我很像妳喔！

動腦與回饋

一、小學二、三年級寫的作文題目，你寫起來有困難嗎？爲什麼？

二、哪種水果比較像你？請簡單列出理由來。

三、上面四篇「我最像什麼水果？」你最欣賞哪一篇？最欣賞的地方是什麼？

四、請你也寫一篇「我最像什麼水果？」

題目：

題目既淺又白的創意作文(二)

什麼動物最像我？

過了幾天，只隔一間教室的另一班——二年七班的作文課，可沒有像二年九班的同學，那麼戰戰兢兢，因爲他們兩班的同學，都是些鬼靈精怪，常互通有無，所以上課前，心理上早有了準備。

當我寫下「什麼動物最像我？」的題目時，「騷動」的情況雖沒有那麼激烈，不過面面相覷、交頭接耳的場景，還是所在多有。因此，在言語上我也給他們一點激勵，要求他們可別太志得意滿，要虛心求進，在作文這條路上才會有所精進。

接著我告訴他們說：「你們幸運多了，二年九班的『水果』，可難寫多了。因爲人類和動物相似的地方要比水果多得多，同是動物類，各種習性、動作、長相有很多類似的地方，何況人類從小和動物接觸機會很多，所以寫起作文來，應該比較容易才對。」

我把這些看法告訴同學後，同學們好像吃了一顆定心丸，幾乎每個人都寫得不亦樂乎，寫出來的作文，有好多令人看了都會爆笑出來。不信？請看下面三篇，就由不得你不信了！

什麼動物最像我？

劉若梅

從小，我跟動物之間的關係，只能用「惡劣」來形容，平常看到動物，老聽到別人興奮地大叫：「好可愛哦！」我的第一反應永遠覺得動物和「可愛」這個形容詞根本八竿子打不著關係，不過，要用動物來形容自己，倒令我覺得很新鮮。

如果以整體來說，我認爲我最像「牛」，別的不說，光是那股頑固難治的「牛」脾氣，什麼動物都比不上。平常對任何事都很固執的我，更巧得是連生肖也屬牛，就連外號也被掛上一個「牛肉麵」的封號。當然，在吃的方面，牛肉、牛排更是我的最愛，不過，要說到牛勤奮努力的性格，我可就不敢自居了。

我的日常生活，常常是能懶則懶，只要有機會，絕對不會放過，可謂「世界超級大懶人」，要是金氏世界紀錄有這項，可能我會被列進去吧！光憑以上幾點，不難看出，豬在這方面最適合形容我了。

也許從表面上看不出來我是這樣的一個人，不過，「豬」和「牛」，的的確確是我的最佳寫照。我想：世上很少人會把自己貶成如此不堪的動物？再怎麼說，人類也是「萬物之靈」嘛！

什麼動物最像我?

鄭安婷

唔~~實在想不出來自己像什麼動物。好吧!先以最簡單的生肖、星座二分法吧!即使不全相像,至少也有二、三分吧!

先以生肖——老鼠來說吧!因爲在後半年出生,所以我和一羣牛一起入學。老鼠的特性和我相像的大概是喜歡吃東西,一旦吃起來又很神速吧!因爲我吃東西不太愛說話,除非是我想談的事,否則一律專心吃東西,所以坐在我旁邊吃飯的人,有時就會覺得很無聊,不過要在此說明,我可不愛亂咬東西喔!

接下來就是星座吧!呃~~不太想透露,我是天蠍座。唉~~不知情的人總覺得我不會記仇(有些慘遭我報復的人例外啦,哈~!呵~!),但偏偏書上總寫我報復心强什麼的,簡直是在污辱我嘛!

還有就是神祕不多話。「不多話」是大都尚未和我深交的人第一個印象,像前面的蘇新華啦!左鄰右舍的陳穎萱、吳筱琳等……都說我是「老狐狸」,不講話時很可怕、很凶,唉~~。至於神祕的看法,只有少部分的人認同,我也沒問太多人,是不是大家都這樣想,我就不知道了。好啦,拙文到此結束了,不過還有一小小疑點,老師你呢?你像什麼動物咧?

什麼動物最像我？

蔡緯屏

我覺得我像一隻另類的「四不像」，有四種不同的性向，將好玩、好吃、好學和好奇合爲一體，時時刻刻都在變化。

在自由的時間，我就像一隻脫韁的野馬，在大草原上狂奔，毫不受到拘束，盡興地玩著。

要是到了用餐時間，我的肚子就會咕嚕咕嚕響，像極了一隻飢腸轆轆的獅子，大口大口的享受美食，毫不保留形象。

要是到了該用功的時間，我也是一點也不馬虎的，就像一隻貓頭鷹，白天拚命睡，到了晚上再來「搭夜車」——臨時抱佛腳吧！

在任何時刻，我都會有一些好奇，喜歡嘗試新事物，就像一隻活蹦亂跳的小麻雀，在廣大的天空尋找刺激的玩意兒。

我這隻另類的「四不像」，喜歡追求開朗明亮的未來，隨自己的方法去做、去實施，不被充滿名利的現實生活所迷惑，努力地完成願望。

動腦與回饋

一、你每次上作文課的心情，是期待呢？還是厭煩？

二、作文題目愈淺白愈好呢？還是愈難寫愈好？請說出你的看法。

三、什麼動物最像你？請寫出相似的地方。

四、請你動筆寫一篇「我最像什麼動物？」

題目：

從電視中找作文題材的創意作文

由一則電視廣告辭寫起

時下的新新人類每天花在電視上的時間，如果好好調查統計的話，相信多得會嚇壞人。就因爲年輕人接觸電視的時間不少，所以電視節目所用的術語，甚至於電視廣告語等，同儕間談起來，簡直是滔滔不絕，如數家珍。因此細心的老師在設計作文題目時，這類題材絕不要輕易放過。

電視廣告一般說來，大都是在推銷產品。因此，所設計的廣告用語大都缺少哲理，甚少教育意義。不過，有些政府機構、慈善基金會所做的公益廣告，卻有許多振聾發瞶的名言佳句出現，往往只要一、二句，就讓人一輩子牢記在心，受用無窮。例如「豆豆看世界」系列的最後一句話：「關心自己，也關心別人」。像這類廣告辭對學生的啓發，也許比父母、老師說上幾十句、幾百句好話還要有效。尤其是第十屆總統選舉將屆之際，許多政治人物爲了推銷自己，所設計的廣告辭也有幾句發人深省的。像這些廣告辭，如果利用作文課讓同學抒發，豈不是美事一樁？當我把這種想法說給同學們聽後，同學們便不停點頭，拚命、用心地思索、回味過去看過的廣告。

這時候，我拿出事先寫好的「由一則電視廣告辭寫起」的題目條，用磁鐵條公布在綠板上，讓同學們開始踏上快樂的作文之旅。

首先，我請同學們把自己從電視廣告中看到的，印象較深刻，也有啓發性的詞句寫在綠板上，供大家參考選用。如果遇到有不懂的地方，可請原提供人說明。沒多久，綠板上各式各樣的詞句，五花八門地呈現在大家眼前。

接著，我和同學們一起切磋研究像這類題型的作文，是屬於什麼文體？該如何布局？開頭要怎樣寫才漂亮？接下去要談什麼？要不要舉出生活上的例子？最後要怎麼結束來點明題旨？

經過大家一番討論過後，便得到幾項共識：

一、這篇作文屬於論說文的說喻類型。

二、開頭可以從大概什麼時候？何種情況下看到自己想寫的廣告辭？當然可以加點料，寫些當時的感觸；或者直接把廣告辭當成「名言錦句」法方式，寫在最前頭；其他更有創意的開頭，更是歡迎。

三、接下來可談談這句廣告辭的含義，舉例說明對社會大眾正反兩面的互動或影響，以及個人對這句話的看法。這個部分是本文的重點所在，抒發時可依性質、看法的不同，分幾段來寫。

四、最後，要把這則廣告辭對衆人或自己可能帶來的啓示，以及自己的感想委婉寫出來，和首段相呼應。

透過商量、討論、分析以後，大多數的同學對此類型的作文題目，已經胸有成竹，寫起作文來，便愈發覺得輕鬆愉快了。

因爲大家寫來興致勃勃，信心十足，所以繳來的作品，幾乎篇篇精彩有見地，所以我改起作文來，心情也滿愉快的。今挑選四篇不同廣告辭的作品，供比較參考。

關心自己，也關心別人

潘俊仁

「關心自己，也關心別人。」這是電視上「豆豆看世界」中的最後一句廣告辭。由於豆豆不論在造形上或聲音上，都很討人喜愛，因此，每當廣告一播出，大家只是笑笑罷了，又有誰去真正想過他給我們的啓示呢？

在我們的生活中，有太多太多的人得不到關心；相對的，卻有些人受到的關心太多，成了「溺愛」，造成了他犯罪的原因。想想看，這是否太過於諷刺了呢？

所以，那些没有人關心的人，只要給予他們一點鼓勵、愛心，他們將感謝你一輩子，接著建立了自信，不久後「成功榜」上也會有他們的名字。

同樣是一份愛，你可以造就一個人，更可給你自己多一份善果，如此這般兩全其美，何樂而不爲呢？

別再裝了，你給我放自然一點

邱文慧

「別再裝了，你給我放自然一點。」這句家喻戶曉的廣告辭，打我從看這支廣告後，就一直思索著爲什麼要這樣說呢？真令我百思不解。

不過，後來我想通了，因爲在這社會上有些人都是看別人的臉色來過生活，往往不知自己在追尋些什麼，只知一味跟隨著別人走，而戴著一張不爲人知的面具，難道不覺得這樣很辛苦、失去了自我了嗎？也許你會說：「沒辦法，爲了因應這個社會潮流，如此才能立足於社會呀！」話雖如此，但我覺得這只是在欺騙自己罷了。大家何不以最真誠的一面來相處，而不是處處學別人、討好別人。

這社會真是變了樣，大家也許是保護自己吧，總不願把自己最真實的一面顯露出來，真所謂「掛羊頭賣狗肉」。其實，大家何妨把那虛僞的面具摘下來，反正又不會少一塊肉，你說是不是？

要刮別人的鬍子之前，先刮好自己的鬍子

謝易安

多年前曾在電視中看到一則刮鬍刀的廣告，它使用了一個兩全其美的廣告辭，既能推銷產品，又有教化人心的作用。內容是：「要刮別人的鬍子之前，先刮好自己的鬍子。」

的確，在我們日常生活中，許多人總愛多管閒事，自以爲是地去糾正別人的過失，殊不知原來自己也是「這麼一回事」。例如你用一隻手指頭指責別人時，別忘了有三支手指頭在指著自己。又好比一個肥胖女人，對著鏡中人指責，還不知是在罵自己呢！

所以，我們要好自爲之，在企圖駕馭他人之前，先要能管理自己。雖然事實並不比說的來得容易，但我們仍要告訴自己：不斷檢討、改進，要能見賢思齊，見不賢而內自省，才能成爲一個謙虛有爲的人。

用心把每一件事做到最好

張朝棟

有些人做事一下子就完成，有些人則否，這完全是看他有沒有「用心」。

人生在世，並不是能夠天天順利地把別人交代的事做到盡善盡美，但是只要我們秉持著

用心、認真的心態，即使失敗，也雖敗猶榮，值得讚許。

阿扁曾在電視上說過一句話：「既然能得第一，為什麼要拿第二呢？」我非常欣賞這句名言，只要一有競爭的時刻，我都把這句話謹記在心，全力衝刺，雖然不是每次都有甜美果實，但是我也感到快樂，因為我已經很用心把它做到最好了。

在日常生活中，難免會遇到挫折，如果我們能將挫折當作邁向成功大道上的荊棘，用心去剷除它，把我們堅強的一面呈現給大家看，這樣會令人刮目相看呢！

動腦與回饋㈢

一、新新人類的電視「術語」很流行，數量也不少，請你寫出三種以上好嗎？

二、電視廣告辭中，有很多俏皮有趣又好玩的辭句，也請你寫出幾種。

三、「由一則××××寫起」的作文題型很普遍，請你設計兩題此類型題目，並分別寫出寫作重點方向。

四、就本文或你設計的題目，擇一試寫一篇作文。

題目：

創造生活話題的創意作文

文體多變的「週休二日」

自從實施隔週週休二日以來，每個月的月底或月初，每個人心裡最期盼知道的，無非是週休二日的日子。尤其是讀書的學生，心裡更計畫著這兩天要怎麼過。那種既期待又興奮的心情，相信大家都可以體會。

因此，當作文課我寫下「週休二日」四個字時，每對眼珠子好像一下子明亮了許多。我帶著微笑告訴同學說：「我想每一個上班族和學生，相信沒有一個人不喜歡這四個字的。剛才看到你們會笑的眼睛，我猜你們更喜歡才對。今天的作文以『週休二日』爲主題，至於題目要怎麼定，由你們自己決定，只要作文題目有這四個字就可以了。」

這時候，有部分同學的眼神由喜悅轉變成疑惑的樣子。我心裡很清楚：他們正等待著我做更進一步的說明。

「有些作文題目的本身，帶有限制性，文體必須依照它的限制來寫，不然便文不對題了。例如，如果老師定的題目是『談週休二日』，那你必須以論說文的方式，抒發你對週休二日的看法；如果題目是『週休二日出遊去』，那麼只能以記敘文的方式，去寫旅遊的經過和感想；再如果題目是『週休二日抒懷』，那可要以抒情文的方式，抒發內心對週休二日的情愫。不過一篇好文章，通常融入了記敘、論說及抒情三種內涵，幾乎很不可能單純地只限某一項文體。這種所謂的論說文、記敘文、抒情文，是根據文章中偏重哪方面來說的。例如『週休二日出遊去』，一看就知道它是一篇遊記，『遊記』類的文章是屬於記敘文。但是，如果在寫遊記時，不帶有濃郁的抒情筆觸，那這篇遊記看起來好像一個人只長了骨架，而缺少了均勻的肉質感；只有了記敘和抒情的遊記，而忽略了對所見所聞的事物，給予適時的評比與說理，那麼這篇遊記，會令人覺得似乎欠缺了文章的啓迪性和可讀性，同學們，寫作文時不能不留意。」

隔週週休二日已經實施了一段很長的日子，每位同學都有很深的體認，所以這種熱門的作文題目，每一個人寫起來應該都有話說，所不同的只是在個人的語文表達能力高低而已。

爲了讓低成就同學也能夠寫出一篇較像樣的作文，特地把全班分成六小組，每小組都有高、中、低程度同學，希望藉著分組討論，讓能力强的多提供一些資料，帶著發表能力較差的同學，一起完成個人期盼的作文。

一個耳熟能詳的「週休二日」，寫起作文來，文體可以變化多端，眞是讓同學耳目一新。爲了讓老師、同學們更進一步地認識其中奧妙，特地選錄四篇文體、寫法各異的作品，以供欣賞、比較。

談隔週週休二日

葉淑方

從去年年初開始實施隔週週休二日，想必大家一定也覺得輕鬆了許多，當然我也不例外。

想到在以前每次的禮拜六都還要穿著整齊，起得很早就到學校上課。但說這是上課也不算是上課，只是開個週會、班會及幾個不重要的課罷了，而害我們還要浪費整個上午，更嚴重的是每當快到了月考，這四節課就變成老師的數學大補湯了，補得我們都頭昏腦脹，分不清東南西北了。

其實這個禮拜六的課，可以混合在禮拜一至禮拜五的課裡，好讓我們可以得到充分的休息，畢竟國中課業比較重，再說也可利用禮拜六、日的休息時間來做自己想做的事，不要只局限在學校。而且國外的一些先進國家早就採用了週休二日（但他們沒有隔週）。許多經濟學家也研究比較過，週休一日的國家跟週休二日的國家的生產率，相較的結果，則是後者較高。由此可見，在工作之餘也必須充分的休息，才能提高工作效率，讀書也是一樣。

所以希望日後的台灣，也能不隔週週休二日，雖然現在有隔週週休二日，但我還是覺得不夠。

在多采多姿的人生裡，就應該更炫耀自己；去大自然走走，在大自然裡領悟一些道理，也多爲自己的回憶留下一些美好的篇章，畢竟「休息是爲了走更長遠的路」。

過一個充實的週休二日

李悅嫥

「媽！這個週休要去哪裡啊？」

自從去年元月起，政府實施了隔週週休二日，也因爲這樣，我們全家聚在一起的時間，每兩週就又增加了一天，真是不錯。

在今繁忙的生活中，許多人除了工作還是工作，也不知爲了什麼盲目的努力，這是爲何？這乃是因爲人們缺乏心靈的沈澱。在歐美先進國家的人民，他們將自己的工作生活安排到星期五，星期六、日就盡情地放鬆，一到五盡力地工作，這樣不但人人快樂，且更提高了辦事的效率，使國家愈來愈强盛。

反觀台灣的人民，週一忙到週五，週六還要加班、趕工，到了週日累得倒頭便睡。星期一又開始新的一星期。搞得人人身心疲憊，痛苦不堪，你想這樣的辦事會有效率嗎？所以，週休二日對人民是很重要的。

有人問說：「週休二日除了睡覺還是睡覺，倒不如不放。」如果你是這種想法的人，那可就大錯特錯了。在週休的時候，不但可以放鬆自己，做自己想做的事，也可親子聞聚在一起，增進親子和諧，更可以利用這段時間溫習一下功課；有人甚至在週休時上圖書館，增進自己的知識；參加公益活動，幫助需要幫忙的人；當義工爲大衆服務，真是有百利而無一害。當然以我本身來講，在週休的日子，爸爸通常帶著全家上山下海，出外遊玩，但可惜的是，台灣的週休卻是隔週的，這是唯一的缺點。

政府自從實施了隔週週休二日後，許多國定假日卻這樣被取消了，像教師節、光復節等，真反映出「人不可得非分之福」啊！不過建議大家不妨換個角度想想，損失了國定假日卻換來一個充實的週休二日，不是很好嗎？這也算是自我安慰吧！

「媽！好了沒，我們要出發了啦！」

週休二日踏青去

簡宜蓁

從去年年初開始實施隔週週休二日，讓人們有很完整的兩天假期。像前兩天的週休二日，我們全家便利用週六去了一趟佳平，因爲爸媽在那裡有一塊旱地，種了些荔枝，所以一有休假日便往那兒跑。

由於月考剛結束，於是全家都打算去那裡做事，所以一大早便出發了。由於車不多，因此一下子便到達了。

我們要先拔除小樹旁的雜草，還要一棵棵澆水。幸好那天天氣涼爽，沒有太陽，所以還不會很累。等到草拔好後便開始施肥。由於樹木不少，所以一個早上下來也滿耗力的。不過辛苦完了，山上新鮮的空氣及涼爽的風，實在也是一大享受。

中午，媽媽在那兒煮大鍋菜，大家坐在一起，也滿悠閒、自在的。雖然大家每次來都很辛苦，但看著這些小樹，從一根樹枝，慢慢地枝葉繁茂，也很令人欣慰，覺得辛苦有了代價。

其實，我覺得，雖然隔週週休二日，使許多假日都不放了，引起不少抗議，但畢竟許多事很難做到面面俱到，所以大家若能換個想法，欣喜接受，不是也很好嗎?當然若能每週休二日，那就更好了。

週休二日閒情

丁天欣

去過麥當勞吧?!朋友，點杯清爽的可樂，配上一個麥香雞堡。

蠢蠢欲「咬」的嘴巴張開的當兒，突然，兩片青椒滑了出來——你要爲這兩片掉落地上的青椒，而失去大快朵頤的興奮嗎？可別傻了，看著漢堡，趁熱快咬！聽到「只」隔週休的你，別介意，快點悉心計畫那天難得的假期，別再大嘆失去的青椒！看看我！要什麼口味的週休漢堡？

㈠睡夢鄉

如果你說：「現代學生沒有黑眼圈。」我可要把你當成從桃花源蹦出來的傻瓜。看看補習時間的車水馬龍吧！所以，在這個從天而降的「睡夢鄉」中，好好地做夢吧！可以一邊聽音樂一邊睡、一邊看電視一邊睡——別說不可能，很多人就喜歡一面聽新聞報告、卡通，一面踏進夢鄉的……唉喲！聰明如你，想怎麼睡就怎麼睡！

㈡SHOPPING DAY（逛街日）

話說愛美是人的天性，追逐時髦是我的本性，別讓你靈敏的大腦，只在書本裡打轉兒，讓它嗅嗅時下的流行風！除了看電視上的服飾秀，最直接的就是去百貨公司、精品店及專賣店放縱自己隱藏的虛榮。

今秋最流行的——灰色，你添購了嗎？再次吹起復古的牛仔帽，想不想秀一頂？太貴？唉喲！只要試穿一下、漂亮一下，又何必猛掏腰包？炫吧！

㈢武俠時光

古人的「懸樑刺股」我雖望古遠嘆，但翁先生的「四時讀書樂」我倒可領略一二。週休時最愛全副武裝，置杯好茶，捧本武俠小說，讓時光的河水倒流，讓我划入金庸先生的世界——荒涼大漠中，和黃蓉一起大戰歐陽烽、和任盈盈一起登上日月神教的神祕鬼祟、惋惜著張無忌的愛恨情仇、楊過的癡狂豪氣；神往著張三豐的太極劍法柔水穿石、風清揚的孤獨九劍出神入化，任我遨遊的奇幻武林，真的是令人依戀不捨。

嘗完了我那豐富口味的週休二日大漢堡後，您是垂涎三尺，抑或想和我一較高下？願你我再創新招手藝，來豐富自己的週休二日！

動腦與回饋

一、你過了這麼多的「週休二日」後，你對它的印象如何？喜歡或厭惡呢？理由安在？

二、過去的週休二日通常你是怎麼過的？印象最深刻的是哪些？

三、欣賞完四篇有關「週休二日」的作文後，相信你會躍躍欲試了吧！那麼請你也來一篇「週休二日」的作文（文體不拘）。

題目：

配合課文的創意作文

我所知道的×××

新編國中國文第四冊第二課，是徐志摩的「我所知道的康橋」。當上到這課的時候，學生無不被徐志摩筆下康橋的景物風光所迷倒，尤其是對徐志摩熱情、活潑、奔放的筆調，更佩服得五體投地。

雖然課文很長，學校又沒規定要精讀考默寫，但是我仍然像朱自清的「春」一樣，鼓勵他們多念幾遍，並帶著有心想多學一點的同學背誦美辭佳句，揣摩生動活潑的寫作筆法。上完課後，同學們似乎好想在作文課上，也來一篇類似的題目。

要寫的題型——我所知道的××，大家無異議通過，可是要寫什麼地點、處所，卻是爭議不休。如果採用開放自由選擇的方式，又擔心有不少的同學無從下筆，若想從旁指導，但是一人一個題目，叫我左右爲難，最後大家商定以每個人都熟悉的「中正國中」爲主題。

記得有人曾說過：「寫作文第一要知道審題。」換句話說，審題是作文的第一步。第一步如果走得正確，作文似乎已經成功了一半。例如：開車出門前，心中必定要先知道此行的目的地，以及要走的路線、方向，這樣一路走來才會順暢，才容易到達目的地。要怎樣審題？要如何確定寫作的方向、路線？甚至於要怎樣找尋作文的重點呢？

最簡單的方法，就是找到題目的重點、著力點，也就是所謂的「題眼」。例如「我所知道的中正國中」，「中正國中」就是題目的重點；怎樣把「中正國中」「行銷」出去，讓不曾到過中正國中，或對中正國中感到陌生的讀者，不但從此認識了中正國中，而且還留下極深刻的印象。

那麼要怎樣寫作，才能使讀者對中正國中留下深刻的印象呢？我認為最有效的方法，就是把中正國中與衆不同的特色，像很能打動人心的廣告行銷術一樣，一項一項很有技巧地用很犀利的文辭介紹出來，讓人讀了之後，不但留下深刻的印象，還有一股很想一睹「廬山眞面目」的衝動。例如三十多年前，初中國文課本上，如果我記得沒錯的話，有一篇楊一峯先生的「阿里山五奇」的文章，一開頭是這樣寫的：

「沒去過阿里山不知道阿里山的美麗；沒坐過阿里山的登山火車，不知道阿里山的偉大……」

也許和原文有些出入，但是這種開頭的方式，三十多年來我不曾或忘。阿里山是台灣名景勝地，可參觀遊覽的景點很多，一峯先生卻只緊緊地抓住神木、日出、雲海、鐵道及晚霞等五個奇特的景點來描寫阿里山，效果特佳，凡是讀過的人，沒有不留下深刻印象的。

上課時，我把這個印象及感懷告訴學生，他們也覺得這種開頭既新鮮又不落入俗套，而且寫起來更可以自由發揮；尤其是抓住五個特色，針對主題加以特寫的方式，更是介紹一所學校時，很值得採行的寫作技巧。因此，經我這猶如「神來之筆」似的醍醐灌頂，大家好像發現了新大陸似的，興致勃勃地寫了起來。

有人說：「萬事起頭難。」不喜歡寫作文的學生更會接著說：「尤其是作文的開頭最難。」三十多年來，我教作文時，第一個重視的是要求學生練就成多樣化的開頭。我常告訴學生：每當看到題目，至少要想出幾種不同且新鮮有味的開頭，然後選擇自己最喜歡、最得意的一種，寫在作文簿上。因為我常耳提面命，所以只要我調教過的學生，幾乎不會覺得作文的開頭很難。而寫出來的開頭，不但不落入俗套，而且大都自然活潑、新穎有趣。就以「我所知道的中正國中」為例，開頭的方式就有十幾種不同的寫法，為了讓你徹底明白開頭的要領，我列舉幾種方法，提供參考。

你沒到過屏東的中正國中，便不會知道中正國中的偉大；你沒去過屏東的中正國中，便不會了解中正國中的歷史輝煌。從小我就從親友那兒，知道些中正國中的點點滴滴，也因此對中正國中一直懷抱著許多可愛的憧憬。（張朝棟）

沒來過中正國中，就不知中正國中的好；沒來這兒讀過書，就不知道這兒的老師上課有多認真；沒有在這兒生活過一段日子，就不會產生對中正國中的戀戀情懷。（呂曉雯）

你去過中正國中嗎？你想來看看中正國中嗎？你想知道中正國中的點點滴滴嗎？在你準備出發以前，請先看看「我所知道的中正國中」吧！（楊先雯）

你知道中正國中嗎？你知道中正國中在哪裡嗎？或許你知道，或許你不知道。告訴你吧！其實中正國中是一所「上港出名，下港有名」的明星學校，來到屏東隨便你抓住一個人問：「請問中正國中在哪裡？」保證九成以上的人都回答得出來，除了一些「小貝比」不會講以外。這樣你知道中正國中如何出名了吧！（鄭兆策）

同樣是「一峯先生」型的開頭方式，即可衍生出這麼多的寫法，這種技巧全靠平時「多樣化」、「生動化」的演練，假以時日，自然會達到爐火純青的地步。甚至於由這種方式作基礎，可再發揮成其他更靈活、更具創意的開頭。例如：

從小，我就常聽到：「宛蓁，妳想去讀中正國中嗎？那是一所很好的學校喔！」因為這些話，讓我幼小的心靈充滿著對中正國中的期待、渴望和嚮往，恨不得快快長大，好早日成為中正的一份子。（余宛蓁）

「中正名校，居正守中，左傍淡水，右峙武峯……」這就是我們學校百聽不厭的校歌。這首歌把中正國中的地理位置和特色，描述得淋漓盡致。（李勇震）

「中正國中好好喔！明謙，你想不想去念啊？」從小，我就聽著父母這樣不停地問我，如此一次又一次，周而復始，念得我耳朵差一點生繭，真令我不禁要懷疑：那所位在屏東市東郊的中正國中，真的有那麼好嗎？（謝明謙）

從小到大，對於學校，心態經過好幾種不同階段的體認：從厭惡到期待；從陌生到熟悉；從嘗試到不捨。幾番尋尋覓覓，終於找到了這所中正國中，肯讓我落地生根、死心塌地。（丁天欣）

明謙是個聰明、內向、守本分、不多事的孩子，在小學時，除了終年守著自己就讀的國小外，似乎很少開疆闢土地去認識別的學校，所以當他父母向他吹噓中正國中的好時，始終抱持著懷疑的態度。因此，他把這種懷疑寫在第一段作爲引題，接著當然要抒寫第一次踏入中正國中的感受。

漫長的國小時代過去了，我帶著一顆充滿疑惑的心，一步一步踏向了中正國中的大門。哇！在踏進中正國中的第一步後，我滿腹的問號頓時變成了驚嘆號，且一再地從我口中冒出：「哇！」「哇！」「哇！」太好了！太棒了！從沒看過設備如此良好、教室規畫如此完善的學校，我立刻決定要在這兒念國中了。（謝明謙）

同樣是讚揚中正國中的好，謝天祐同學卻有不同的詮釋：

在南台灣屏東縣境內，中正國中可說是數一數二的國中，有美麗的校園、完善的教室、清幽的環境、優良的師資，以及努力向學的學生……等等，在在都使中正國中愈來愈好，愈來愈進步，不斷地擊敗競爭對手，真不枉費「中正」之名了。（謝天祐）

從天祐的這一段敍述中，可以大略知道中正國中的特色，也就是所以能成爲全縣數一數二的原因。不過，這五項特色，相信其他學校多少具備一些，那爲什麼獨獨中正國中能出類拔萃呢？其中奧祕，則有待同學們深入發掘及敏銳觀察探究了。

首先一進校門，即可瞧見規畫整齊完善的校園，那就是把停車場、運動場和教學區，清清楚楚隔開，以免車聲、嬉笑聲影響到師生的教學，同時也防止意外事故的發生。噢！對了！這時候你一眼便可以看到咱們的蔣總統中正先生，在大道的遠處，正默默守護著「中正」國中。（鄭兆策）

從學校大門進來，左邊是寬敞整齊的停車場，右邊是雄偉的禮堂。再往前走，是一排教室，讀書聲在寧靜的校園裡，顯得特別宏亮悅耳。教室前一排修剪整齊的榕樹，茂密繁盛，不失為一個讀書休憩的好地方，坐在樹下的長排石板凳上，既涼快又舒適。（吳筱琳）

中正國中的校園裡，總共有國中大樓、勵志樓、科學大樓、書香樓、進華堂，以及靜思樓等六棟大樓。國中大樓是現在二、三年級上課及老師辦公的建築；勵志樓則是一年級及部分二年級的巢穴；科學大樓設置了許多專用教室，如理化、生物實驗室，以及美術、音樂、家政等教室；另外，電腦教室、圖書館，及一樓的益智班級，則構成了名字令人遐思的書香樓。至於靜思樓，則是一棟新建完成最具現代化的大樓，目前還沒正式啟用，全校師生都期待著有緣一親芳澤。（謝天祐）

四棟大樓圍成的校園大中庭，是以幾何圖形設計而成的公園化庭院，一片片綠油油的草地上，遍植了生意盎然的龍柏、榕樹，四周是一棵棵高大的椰子樹，隨風搖曳，再加上豔陽的青睞，這豈不是充滿南國風光的屏東縣，在這兒找到了「正字標記」？

（劉若梅）

午睡時，在靜謐的校園裡，會傳來蟬族們嘹亮的歌喉，像一首催眠曲，催人入睡；午後，走在校園各角落，沒鋪柏油的地方，都鋪上了綠油油的草皮，頭上頂著綠茸茸一片翠蔭，放眼望去，即使是一朵平凡的小花，也會使人感動得流淚……（呂曉雯）

「重紀律，守秩序」是中正國中的特色之一，在我剛進校時，就已感覺到這樣的氣息。自從溫校長到任後，實施「文華大革新」，提倡「校園新文化」，不僅將中正校園做了一番全面的大整理，也將學生的生活教育作全面的大整頓，如今已樹立了優良

的校園文化。校園裡已經看不到抽煙、犯紀的學生；玻璃、公共設施都是完好無缺；所謂的「壞學生」早已經在學校絕跡。（余宛蓁）

在升學上，每年都有很多學生上屏女、屏中、雄女、雄中等。這些三年埋頭苦讀出來的成績，可不是蓋的喔！當然，老師的細心教導也是不可或缺的。中正的老師對功課好或不好的學生，都是一視同仁，師生之間的關係，總是像朋友一樣和樂融融。學生為了答謝老師的教誨，在教師節時會送老師花、卡片等；在畢業時，會依依不捨地含淚說「再見」！這些都表示了「中正國中」的教師，受到大家的肯定。（楊先雯）

介紹完學校的特色後，接著該以誠摯、感性的口吻，寫一些能吸引讀者來校一遊，或即將入國中的國小畢業生加入中正的行列的結語，並和開頭來個遙遙呼應，作爲結束。

怎麼樣？不錯吧？我知道現在的你已經迫不及待地想要來「中正國中」一探究竟了，走！請你現在出發吧！（楊先雯）

像中正這樣師資陣容堅強、學習環境優良的國中，並不多見。我們能夠在這兒就讀，

可說是我們的福氣。所以，我們應該好好地愛護它，多為它爭取無上的榮耀，這樣才不愧作為「中正」學子的本分。（李勇震）

中正國中實在太好了，令人來了就不想離開；教師教學認真、讀書環境優良、硬體設備完善，幾乎找不到一丁點的缺點。如果有，那可能是：教室忘了裝冷氣！（謝明謙）

動腦與回饋

一、審題的要領很多，可否請你簡要地把心得寫出來？

二、「楊一峯」式的開頭很特別，請你以水果名稱來一段「一峯」式的推銷廣告或讚美辭。

三、「我滿腹的問號頓時變成了驚嘆號」句中的含義是什麼？

四、讀完此文後，中正國中在你腦海裡留下最深印象的特色是什麼？請列舉出來。

五、請你以最熟悉的人、地、物或學校、遊覽區等，也來寫一篇「我所知道的××」，相信你會有意想不到的好作文。

題目：

投入大自然的創意作文

夜遊環保公園

每當想到或讀到宋儒翁森在「四時讀書樂」的詩句——「好鳥枝頭亦朋友，落花水面皆文章」時，便會許願：有一天我要把作文課搬到公園去上，讓同學們聽聽枝頭上小鳥的叫聲，看看水面落花，寫出大自然的好文章。

這一天終於來臨了。我家附近的公二公園地，政府花了四千多萬元，闢建成一座環保公園（註：從二〇〇〇年三月十二日起，正式命名爲「千禧公園」）。晨昏散步其中，眞是無限舒暢，如果能讓青少年徜徉其中，將是人間一樁美事。

於是，我宣布這次的作文課，移師到公園上。當同學們聽到這個消息，大家都樂得跳了起來，對於這件事情，他們的文章開頭是這樣寫的：

> 哇塞！太棒了，今天老師竟然要帶我們到「環保公園」夜遊。「夜遊」這個名詞實在太新鮮了，心中真是雀躍不已，迫不及待地希望時間快點兒到來。（楊雅竹）

光聽到「夜遊」兩個字，就激起了我的興奮感，夜遊對我而言，是前所未有的事呢！由於環保公園近在咫尺，所以夜遊的地點就決定在那兒了。哇！我真的是超興奮的，在還沒出發前我就已經開始幻想了。

（蘇妶誝）

哇！好棒哦，可以到公園夜遊，好爽！真是令人既期待又興奮。因為從沒去過環保公園，班上的同學個個都喜氣洋洋地等著老師說：「出發啦！」

（蘇妶瑾）

出發了，我像母鴨帶著一羣小鴨，穿過了廣東路，來到了環保公園。在入口處，我請問同學第一眼看到公園的感覺如何，美嗎？爽嗎？讚嘆嗎？心胸開朗嗎？他們的感受是：

在將要進入公園之前，我先靜靜看了周遭一眼，公園充滿了朦朧美，許許多多的大樹，點綴在偌大的公園中，真的非常漂亮。

（蘇妶誝）

一腳踏進公園中，就像是到了另一個新天地一樣，在沿路燈光照明下，處處紅花綠葉，綠草如茵，生意盎然，猶如人間仙境。

（黃羣雄）

老師帶領著我們這羣小蘿蔔頭，成羣結隊、浩浩蕩蕩地穿過了車水馬龍的廣東路，一進入公園，映入眼簾的是一排排整齊的花草樹木，和一大片綠油油的草皮，乍看起來真像是人間天堂。（楊雅竹）

繞園是夜遊公園的必要功課，投入大自然懷抱，才是夜遊環保公園的主要目的。我提醒同學夜遊公園最需要用眼睛細看、用耳朵聆聽、用心靈去體會，更要用愛心去面對公園的一草一木，並珍惜公園中的每一樣設備，大家輕輕鬆鬆、和樂融融地走一趟。繞園時，不可放過每一個值得記錄的景點和感觸，待會兒才能在作文紙上見眞章。

大家一路打打鬧鬧、說說笑笑地穿過一座古色古香的吊橋，橋下傳來潺潺的流水聲，在路燈照射下，波光粼粼，煞是好看。一問老師，才知道那是萬年溪上游，難怪會傳出陣陣臭味，真有點兒煞風景。（楊舒晴）

走過了吊橋，轉了個彎，看到一棵大榕樹，樹幹上掛了一組很「原始」的鞦韆，有些童心未泯的同學，紛紛走上前排隊玩著鞦韆，一人坐著，眾人推著玩。看到大家玩樂的畫面，彷彿又回到了童年，那種天真無邪又帶一點稚氣的感覺，真是好生懷念。

（黃培銓）

在公園中，隨著同學的嬉笑聲，走在花崗石的走道上，在路燈的逗弄下一閃一閃的玻璃晶片，就好像無數個螢火蟲，在我們腳邊飛舞。看著身旁一大片濃密的草皮，真想和衣躺在草皮上，聽聽大地的脈動，享受大自然的氣息。（蘇㚬舲）

我們這羣快樂的小麻雀，像劉姥姥逛大觀園似的，左看看、右瞧瞧，看見一對對情侶恩恩愛愛地在路上散步，或卿卿我我地並肩坐在石板凳上親熱。遠處還有成羣的小朋友在燈光下的遊樂區玩耍，那種快樂的模樣好令人羨慕。（蘇㚬瑾）

不知不覺的我們信步走到了文化中心附近，看到了一座高大的老人塑像。經過老師的一番解說，才知道原來這位老先生是「拾荒老人」。他有一句名言：「撿到的攏是寶。」他為了供兒子讀醫學院，到處去撿拾破爛。兒子做了醫生，賺了大錢後，為了感念辛苦的父親，除了到處布施外，還特地在這兒塑像，來昭告後人。（林詩云）

「拾荒老人」雕像的旁邊，有一個很古老的「打水器」，是現在很罕見的抽水設備，大家很好奇地依循老師的指導，壓出了「嘩啦嘩啦」的水來，水是溫溫的，但有一點鐵鏽味，老師說這是地下水，不可以喝。（周美君）

文化中心前的廣場，有蘭花展示區，那裡的蘭花不僅花色種類繁多，而且開出來的花朵又大又豔。可惜，已是休市時間，否則買盆回去送給愛蘭的爸爸，必然會得到爸爸的歡心。（蘇意詔）

欣賞完了蘭花，大夥兒又得越過萬年溪，走回森林遊樂區。溪上是另一座「原住民橋」，橋上都是原住民的石雕傑作。老師說上面的石刻雕像都非常樸拙有原味，值得好好觀賞，可惜夜黑看不清楚，改天有空時，再來好好欣賞一番。（陳柏菁）

以上是同學們筆下的特殊景點，每個人的取材角度不同，發揮起來當然不盡相同。不過，再多再好的景點描繪，也不能和「夜遊環保公園」畫上等號，因爲它缺乏了「環保」味道，所以必須另外在「森林遊樂區」作作文章了。

一跨出「原味橋」，就聽到來自四面八方不知名的蟲叫聲，從叫聲中似乎嗅到了春天

即將來臨的訊息。我問老師走了這麼久了，怎麼沒聽到鳥叫聲？老師說：「除了貓頭鷹以外，其他的鳥都在睡覺了。」（朱洋志）

一路走下來，看到許許多多、林林總總的樹木，可惜是「夜」遊，所以所看到的樹都有一層朦朧美，配合著昏暗精巧的路燈，更加添了一份神祕的色彩。（楊雅竹）

我們一行人沿路走著，看到了沿途整齊的樹木、景色，因為燈光昏暗，樹牌看不清楚，幸虧有老師在旁一一解說，才知道哪些是本地的「原住民植物」，如榕樹、莿竹、木麻黃、破布子、黑板樹、鳳凰木、白玉蘭、叢立孔雀椰子等；更有許多的屏東水果樹，如芒果、蓮霧、龍眼、楊桃、荔枝及可可椰子等。另外還有更多新植的「外來住民植物」，如越南的木蓮、爪哇的貝殼杉、馬來西亞的白千層、南美的美人樹、非洲的琴葉榕、斐濟羣島的斐濟櫚、馬斯開倫羣島的棍棒椰子、太平洋羣島的麵包樹、以及馬達加斯加的俾斯麥櫚和三角椰子等千奇百怪的植物。感謝老師給我們上了一堂寶貴的植物課。（秦少立）

在小孩子的遊樂區，我看到了一棵大樹，因在晚上，藉著微弱的燈光看了那樹的標

牌，「山黃麻」是大樹的名字。在大樹下，我感受無與倫比的舒暢，心靈也寧靜了不少。（蘇娤馠）

十四、五歲的國中生，是個半大不小的孩子，幾乎個個童心未泯，看到小孩子的遊樂器材，大家便一擁而上地玩起盪鞦韆、吊單槓、走曲橋、吊雙環等遊戲，一個個樂不思蜀，幾乎忘了這趟夜遊的「神聖」任務——寫文章。

我坐上了鞦韆，本想慢慢地盪，但我妹妹卻在後面推，想和旁邊的男生一較軒輊，因此愈推愈高，害我忍不住尖叫起來，魂魄差一點嚇得出了竅。（蘇娤馠）

我們幾位男同學相約來個「走曲橋」比賽，看誰先掉到太平洋做海龍王的女婿。起初大家對橋面不很熟悉，所以走得很慢，幾趟以後，幾乎都用跑的，個子小的證鋼被大個子意詔擠落在地上，摔得四腳朝天，大家笑得合不攏嘴。（吳宗儒）

我看大家玩得興高采烈，忘了時間，雖然催促了幾次，好像沒有繼續行程的意思，因此我故作姿態說了幾次「再見」，踽踽獨行。同學們看我走遠了，才陸陸續續追趕過來。這時，沿路上的一些較矮小的花樹，讓他們又好像發現了新大陸似地驚叫起來。

我看到了一排「酒瓶椰子」，一株株不算高的椰子，下半部大大的，果然像個酒瓶。接著是牽牛花、矮仙丹、七里香、桂花，以及許多不知名的漂亮小花，看起來非常可愛。（楊舒晴）

後來我看到了桂花，花瓣雖然小小的，不過香味有點濃又不很濃，帶著一點點特有的清香味，使我想到了一對詩句：「玉蘭有風香三里，桂花無風十里香。」由上面詩句，可以知道桂花的香味是很特別的。（蘇意詔）

隨著時間流逝，在不知不覺中，我們即將走到回程。此時，園區已經噴灑完了水，低窪的地方也積水處處，青蛙趁著月色，邊嬉水、邊唱「月下情歌」，成千上百的青蛙「呱呱」地唱和著，這種大自然的天籟，在大都市裡可以說絕無僅有，實在太令人感動了。如果音樂作曲家許常惠或李泰祥先生在這兒，想必能夠採集蛙鳴，創作出絕妙的「阿猴城蛙聲」，流傳後世。

出發前，老師要我們多體會國文課本裡翁森先生的「好鳥枝頭亦朋友，落花水面皆文章」的詩句。今夜，我雖然沒聽到枝頭好鳥的叫聲，卻好難得地在鬧區裡聽到了美妙的蟲聲、蛙聲；雖然也沒看到落花水面，但是卻踏踏實實地認識了這麼多的樹木，親手撫摸到花瓣，聞到了花香。真是有夠幸運，簡直是酷斃了。（陳柏菁）

如果在大白天，便可以藍天爲屋，羣樹爲伴，和著好鳥的歌聲，坐在玫瑰石凳上，把稿紙鋪在大理石板桌上，來寫這篇大自然的文章。像我這篇報導，就是在孔雀椰子樹旁、黑板樹下，和著枝頭好鳥的歌聲，心情怡悅地完成這篇文章的。

不過，這次的夜遊環保公園，對這羣同學來說，已經是收穫滿心懷了，從他們的感想和啓示中，便可略知端倪。

結束了環保公園夜遊之後，令我覺得意猶未盡，那裡真是一個好地方。改天等到我有時間時，可要再去玩幾次。可是千萬不要把垃圾留在那裡，因為那兒是個「環保」公園嘛！（蘇意詔）

考完試後能放鬆心情，到公園去走一趟，這也是人生的一大樂事，把不愉快的煩惱統

統拋到九霄雲外去，一切重新開始，不要一味地活在回憶裡，去公園做做森林浴，也是令人舒暢的事。（周美君）

夜遊公園是一件很舒服的事。到公園可以散散心、運動運動。或者傷心時，抱著樹大哭，相信很快就可以平靜下來。啊！夜遊環保公園，是一次難忘的經驗。（蘇竕舲）

看著同學意猶未盡的神情，這一趟「公園之旅」的功效可真大喔！所以在享受大自然的風采後，我們也應打起精神，挺起胸膛向前走，往人生的大目標繼續邁進，去追尋一個快樂的人生。感謝老師又帶給我們一次既有趣又具有啟發性的作文課，可真令我獲益良多啊！（楊雅竹）

（本文發表於「中國語文」的527期90年5月份）

動腦與回饋

一、你曾夜遊公園嗎？如有，感覺如何？若無，則找個時間去親身體驗，並寫出重點。

二、讀完本文後，你的收穫是什麼？請列舉下來。

三、請你也來一篇「夜遊××公園」。

題目：

平凡題目創造不平凡內容的創意作文

校運會上的點點滴滴

每所學校每年都會慶祝校慶，慶祝校慶最常舉辦的活動，就是全校運動大會。在校慶運動會期間，國文老師通常都會叫學生寫有關校慶運動會的作文題目，甚至於導師規定寫週記題目時，也會來湊熱鬧地要求學生寫類似的題目，所以說「校慶運動會」的題目，是各級學校學生最常寫，但却不知道要怎麼寫才能寫得精彩的題目。

校慶運動會的作文題目之所以不好寫，主要是因爲這是屬於熱鬧非凡、動感十足的動態題材，這類題目可寫的素材很多，加上熱鬧會沖昏寫作者的思維。所以提起筆來滿腦子都是可以寫的材料，但是又理不出頭緒，從何寫起？即使下了筆，又不知道要如何發展？在這麼多的材料中，要怎麼取捨，作文才不會寫成「流水帳」？……在這麼多的疑惑中，這種屬於活動類的記敍文，要怎樣寫才能寫得精彩絕倫、意趣橫生呢？相信是有心把作文寫好的同學，最熱切期盼的心願。

像這類大型活動的作文題目，要怎樣才能不寫成「流水帳」似的內容，其關鍵在「剪裁」的技巧；就像裁縫師傅面對一塊花色不錯的布料，想要做成一件既漂亮又流行的新衣時，除了「別出心裁」的巧思設計外，還要根據衣主人的身材，彰顯出最突出的優點，不但穿得合身，更要穿出特點。要穿得合身，就要注意剪裁、取捨；要穿出特點，就要留意飾物、配件，凸顯出與衆不同的特點、風格，令人看了不但爽心悅目，而且很想擁有。

同樣的道理，作文也是如此；「衣主人」就好像是作文的主題，作文內容要想切題，必須將掌握的材料仔細地比較一番，找出最能突出中心思想的部分，更進一步剪裁取捨，務必要突出重點。內容掌握住之後，在寫作時，要時時記住：以輕鬆詼諧的筆調，鮮活逗趣的語辭，來增加文章的可讀性、好看性，就像衣服的別致飾物、奪目的配件似的，讓人眼睛一亮，讚賞不已。

俗語說：「萬事起頭難。」同樣的，對一般的同學來說，作文的開頭，是一件很傷腦筋的事。其實，作文的開頭並不像一般人想像的那麼困難，只要不心存「語不驚人死不休」的想法，以平常心、自然而平和地設法把題目帶進我們的作文裡頭。其間，如果想到有關的名言錦句，或新鮮、活潑、生動的譬喻、轉化或誇飾等，那麼開頭便會像「鳳頭」那樣漂亮。

例如：

看著窗外奔跑的學生，使我不禁想起剛剛結束不久的第三十六屆校慶運動會。運動會

在大家熱烈的參與下，與高采烈的比賽已經熱熱鬧鬧地舉行完畢。（呂曉雯）

木校第三十六屆的校運會，終於在上星期四順利落幕了。在這短短的兩天當中，不論是在班上或別班，都發生了許多有趣的妙事，很值得大家一起來細細品味。（潘俊仁）

呼！一年一度的校慶運動會，終於在緊張刺激的競賽下，圓滿地結束了。隨著運動會的落幕，我那沈重如「泰山壓頂」的心情，也在一瞬間猶如「鴻毛」般揮之而去，只留下一片記憶的雲彩。（謝明謙）

「屏東縣立中正國中第三十六屆全校運動大會，典禮開始……」我們學校一年一度的運動會，在十一月十一日正式展開了。在這兩天當中，全校同學無不全力以赴，努力爭取好成績，捍衛班級榮譽。當然，在其間也發生了許多令人「起笑」、也使人感動不已的故事呢！（李悅嫥）

從以上四則不同的開頭方式，我們可以發現至少有兩種共同的特點：

一、他們都想以平常心把題目帶進作文裡頭，所以很自然平和地運用洗鍊簡潔的「開場白」來破題。

二、無論是怎樣的開頭方式，我們不難體會出字裡行間，都隱藏了爲接著寫下一段所埋下來的伏筆——「記得」這一、二天的校運會，或「想起」這次的運動大會……

不過，這種平淡、自然、淸新的開頭方式，有些較具「創意」的同學，或自以爲作文能力「出衆」的同學，常會有另類的開頭，以凸顯出自己的與衆不同。例如謝天祐同學便是這樣起頭的。

民國八十七年十一月十一日，一件驚天動地的事情發生了，比柯林頓緋聞案更引人，比辜汪會談更重要，比獅子座流星雨更迷人。喔！到底是什麼事這麼偉大呢？那就是——中正國中三十六歲的生日啦！

爲了慶祝校慶，中正國中特別舉辦了一場運動盛會（三十六年來，年年如此），在這場運動會中，每個運動員都爲了自己及班上的榮譽拚死拚活，活像是二次世界大戰。競賽結束後，當然也是幾「班」歡樂幾「班」愁了。在這兩天的賽程裡，也發生了許多有趣、感人的事，現在不妨說來聽聽。

在寫作的方式上，有一種名叫「鏡框式」的寫法。這種寫作方式寫出來的文章，通常首尾兩段都是記敘作者「現在」的心情，而利用回憶把發生過的「故事」鑲嵌在中間；回憶則是依照時間的先後順序寫出來。這樣的文章結構，造成了像鏡框一樣的效果——主要的是將重要的故事情節凸顯出來，鏡框只是陪襯、輔助而已。

類似「運動會」事後才寫的屬於回憶性的題目，都可以應用「鏡框式」的寫法來寫。全文的重點便在於運動會上的點點滴滴，這些點點滴滴可要像生病時打點滴一樣滴滴有效，但不一定要長、要多，只要是滴滴有效，使主題凸顯出來，令人看了很過癮、夠味就可以了。通常選擇三到五件重點的、精彩的部分，分別各寫成一段，加上首尾兩段，便可算是一篇很有內容、夠分量的作文了。那麼哪些是重點？哪些才算是精彩？我列舉幾則供你參考。

在開幕典禮上，當大家專心傾聽台上來賓致詞時，校長又介紹了一位來賓——校長在萬丹國中時的家長會長。當他「霹靂啪啦」地說了一大堆話後，忽然宣布要送二百多瓶牛奶給學校，並用國台語夾雜地說：「咱們的農民鮮乳是最優的，你那吃咱的牛奶，包你們都會頭好壯壯……」此話一出，全場此起彼落地發出大笑，台上的來賓也笑成一團。因此，一場原本嚴肅莊重的校運會開幕典禮，頓時成為一場趣味十足的鮮奶發表會。（鄭兆策）

記得開幕當天，有位某某班的同學，不論台上的來賓講些什麼話，他都有辦法把它加以反駁，並添加一些「笑果」。例如，人家說希望大家像羚羊一樣跑得快，他就學羚羊邊叫邊跑；但因為他體型碩大，模仿起來幾乎讓人笑破肚皮，所以大夥兒給他個封號「搞笑大王」。不過，他的這種行為，實在不應該出現在這種重大的典禮上，所以不值得我們去仿效。（邱文慧）

二男四百接力預賽即將登場，本班四個「飛毛腿」已熱身完畢。為了想一雪百公尺預賽落敗的前恥，這次我一定會全力以赴。第一棒開始跑了，本班落居倒數第二，交到第二棒時，一舉追過兩個人，接下來輪到我啦，一接到棒，馬上奮力往前衝，愈跑愈快，終於衝到第一。交給最後一棒，跑得更快，已經把別班遠遠拋在腦後，而在通過終點的那一刻，我高興地跳了起來，因為我們以分組第一名進入決賽。回到休息區，我們四個人受到英雄式的熱烈喝采，但是我心裡想：決賽還橫在前面，可不能太得意忘形。（張朝棟）

再來看看田賽場上的跳高選手們，各個雙腿修長，身材高䠷，好像一躍就能登天似的，但是看到他們的跳高動作，真可形容為「慘不忍睹」。除了一些較有經驗的以外，其餘的大概都是「拚命三郎」似地向前俯衝，然後「奮力一撲」，不僅桿子掉了下來，自己也活像一隻大青蛙似地四腳撲地，好在有半個人身高的海綿墊保護著，不然，想不受傷也難。（李悅嫥）

在運動會的前幾天，老師特別交代：「要帶漫畫可以，但絕不可以帶有『顏色』的。」全班一致點頭應諾。但到了運動會當天，在休息區裡，看看同學帶的漫畫，哇！真是「五彩繽紛」呀！看得我是眼花撩亂，血壓升高，只差那麼一點，鼻血就要奪「孔」而出啦！（謝天祐）

覺得最爆笑的，莫過於好友們在司令台上面大呼小叫、搖旗吶喊了。因為她們當司儀，所以不時地發出「加油！」、「快呀！」、「衝呀！」的；皓菱很有膽，她朝著心目中的帥哥大叫：「乃哥加油！耶！」手舞足蹈的樣子，在我眼中，像煞影迷對著崇拜的偶像，揮舞著雙手，差點喊——「我愛你！」那種激動景象。（丁天欣）

再普通的題目、再平凡的事物，只要你靜下心來，沈澱你的心靈，誠心誠意、認眞地去觀察、去感受、去體會，相信會有不平凡的感動，不尋常的收穫。像運動會、童軍露營、自强活動、清明掃墓、快樂中秋等這一類的活動，年年都在舉行，處處都在舉辦，如果你用心去參與，仔細去感受，相信不難發現其中有許多深奧的哲理，刻骨銘心的人生頓悟。一篇文章之所以感人、珍貴，就是多了這一份不平凡的感動。不信?!那麼請看謝天祐同學的一段描述，你便會認同我所言不差了。

下午的重頭戲，應該就是一千五百公尺決賽了吧！烈日在藍空中，選手在跑道上，跑呀！跑呀！一步步結實的腳印烙在紅土上，一顆顆晶瑩的汗水爬在身體上。一圈、二圈……每個人皆已滿臉通紅，氣喘噓噓，如此的折磨、如此的負擔，但卻沒有人願意停止、退出，似乎停下來，就得承受比死更痛苦的心靈煎熬。沒有捷徑，更沒有僥倖；只有實力、只有努力，繼續跑著，只為了邁向那希望的終點……

以上幾則有關運動會的動人描述，已經涵蓋了整個運動會的林林總總，如果你也想寫一篇有關「運動會」的作文，只要用點心思挑選一下，相信也能寫出令自己「吃驚」的像樣作文來。

寫完了「過去」的片段回憶以後，接著又該是回到「現在」的現實生活空間了。換句話說，就是文章的最後，要寫下對這次運動會所帶來的感想或啓示。

現在，運動會已經結束了，不論結果是輸或是贏；不論成績是好還是差，都已成了過往雲煙。大家應握手言和，化敵意為友誼，千萬不要在背後指指點點，應該保持最佳的運動家風度，這才是學校舉辦運動會的最終目的。（邱文慧）

俗語說：「勝不驕，敗不餒。」雖然我們這次沒有得到冠軍，但是只要我們有「勝固欣然，敗亦可喜」的豁達精神，和「超越勝敗」的心胸，我想：下次的運動會，我們一定會成功。（余宛蓁）

隨著運動會的結束，緊接而來的是三天連假及藝術節，再接下來便是第二次的段考了。勸大夥兒趕緊收收心，重新振作精神來，全心全意準備考試，不要讓成績坐上了「溜滑梯」。（吳筱琳）

回憶起運動會真是件快樂的事，教室裡不時還傳來老師和同學的歡笑聲。我很敬佩王淑貞跌跤後再爬起來的精神，她帶回休息區的眼淚，一滴一滴都是二九的「榮譽之光」，沒有她的跌跤再爬起，就沒有二九的榮譽；沒有大家的齊心努力，就沒有二九的團隊精神。相信二九的榮譽可以維持到下屆的運動會，再維繫到我們的學弟學妹身

上，一直持續到底，永垂不朽。（尤亨雅）

朱自清的「背影」，是一篇很典型的「鏡框式」寫法；像「運動會」這類型的作文，很適合用「鏡框式」來寫作，但不是一成不變的照單全收。例如最後的結束部分，就不一定非回到「現在」不可，可以依舊活動順序，寫到活動結束時，作文也跟著順勢作結，反而有行雲流水、自然結束的感覺。就像酷愛「創意」的謝天祐，當他寫到「只為了邁向那希望的終點……」後，接著另一段是這樣寫的：

旗子慢慢地降落，近三千名學生沐浴在夕陽的餘暉中，每個人都顯現出疲勞及狼狽，穿著骯髒的衣服，靜靜聆聽司令台上似乎令人覺得多餘的「官話」。放學後，大家背著沈重的包袱，但更重的，或許是滿身的疲倦，拖著不聽使喚的腳步，蹣跚地走回家。不過，我很清楚：踏入家門的是一顆更充實、更成熟的心。

親愛的讀者，你有沒有發覺到？雖然從文章表面上看，好像沒有回到「現在」的跡象，但是天祐寫作此文時，其心情不是已經處在「現在進行式」了嗎？所以還是脫離不了「鏡框式」的緊箍咒，你說神奇不神奇？

動腦與回饋

一、大型活動類的記敍文，要怎麼寫才不會變爲「流水帳」？

二、活動類的作文，你認爲要怎樣開頭才較合適？

三、什麼是「鏡框式」的作文？請簡要地舉例加以說明。

四、像露營、掃墓、自強活動等平凡題目，要怎樣寫才能寫出不平凡的內容？

五、你有沒有注意到本文的每一個段落，都有謝天祐的作文片段？請你串聯起來念幾遍，相信會讓你感動不已。

六、「境框式」的題材很多，請你自定題目練習寫一篇。

題目：

左右爲難的情境作文

抉擇

在我們生活圈子裡，常常發生些令人左右爲難的事。例如走在路上，忽然撿到一枚五十元硬幣，前後左右看看，失主似乎不在現場，這時候難題就產生了——送交警察局，未免小題大作；交給學校訓導處招領，現場又不在學校，不可能是同學遺失的；撿回家交給父母或占爲己有，覺得很對不起自己的良心。啊！眞是令人傷透腦筋！

也許你也有這樣的經驗：放學回家後，家人的肚子都餓了，爸爸給了六十元，要你到麵包店買四份家人愛吃的西點麵包。在挾麵包時，一不小心掉下一個西點蛋糕，摸摸口袋，又沒多餘的錢，這時候你會怎樣處理這種尷尬的局面？

一、趁人沒注意到，挾回櫥櫃。

二、用腳踢進櫃檯下，以掩飾自己的失誤。

三、自認倒楣買回家給狗吃。

四、向老闆承認過失，並請開恩不算錢。

以上四種情境你會如何抉擇？這種內心的掙扎，和天人交戰的情境，著實是一項很好的抒情文題材，也是寫小說的好材料。

有一次，我到早餐店買包子，老闆娘正在詛咒把包子踢到蒸籠檯下的人。目睹此情此景，回到學校便把這種情境設計成作文的題材，讓同學寫一篇情境作文「抉擇」。同學可以參考以上左右爲難的情境，寫一篇天人交戰的「抉擇」；或者自己另外再創造一種不同的情境，寫出不同凡響的「抉擇」；再不然自己製造懸疑曲折，營造高潮迭起的多種情境，創造一篇耐人尋味的小小說。

寫作時，可以把它當作自己的親身遭遇，以第一人稱「我」來寫；或者以小說的形式，用第三人稱「他」來呈現。

抉擇

游欣芳

「唉呀！就要遲到了。」大頭看著手錶，邊氣自己怎麼睡到那麼晚，今天是第一天上班，不但沒早到，反而還遲到，真不應該。望著火車站人潮洶湧，唉！真的亂了，亂了時間，也亂了方寸……

「乘客請注意，開往××的火車即將……」播音員催著旅客趕快上車，火車還剩一分鐘就要開了。

「好在趕上了！」大頭鬆了一口氣，就要踏進剪票口時，看到旁邊一個殘障老婦人，慌慌張張地問著大頭。哦！原來是老婦人行動不便，希望大頭去幫她買張火車票。

眼看火車就要開了，大頭心裡好煩，該怎麼辦？心中浮出「N」個問號，是不理會那婦人直接上車，抑或是幫那婦人呢？……播音員又一聲一聲地催促著：還沒上車的旅客，趕緊上車，火車馬上就要開了。大頭的心中開始兩難了。

嗯！大頭最後還是心軟了。心裡暗忖：反正是自己起晚，怨不得別人，但若我真的這樣狠心離去，那這位老婦人誰會幫她呢？

火車終於開走了，心中的大石頭也落了！大頭主動地去幫那老婦人買票，並扶她走上月台。一路上，老婦人的眼裡充滿了感激，臉上也微笑著，似乎很感謝大頭似的。

上班雖然遲到了，但是卻幫助了需要幫助的人。想想：爲善最樂。甩甩頭也就拋開了剛才的煩悶，大頭笑了，真是會心的一笑。

如果想要以小說的形式，用第三人稱「他」來呈現時，那又要怎樣來淋漓盡致地表達這種左右爲難的情境呢？假使一時想不出來，不妨先看看林婉容同學的作品，這篇已具備小小說雛形的「抉擇」，很值得你參考。

買肉包的故事

林婉容

早晨，風瀲漪踏著輕快的步伐，走在寧靜的道路上，小臉上滿是喜悅、期待，想起昨夜媽咪交代、叮嚀的話，不知不覺愉悅地哼起歌來。……

「瀲漪！」風媽媽喚住欲上樓休息的女兒。「媽咪有事需要妳幫忙。」一聽到「幫忙」二字，風瀲漪馬上往下跑，撲進媽媽的懷裡，仰起的小臉上寫了個大大的問號。

「明天一早，爹地和媽咪約好了要和朋友一起去登山，沒時間準備早餐。這六十元給妳，明天早上去巷子口的早餐店買四個肉包……妳長大了，可以幫忙做家事，棒不棒啊？」

「妳長大了！妳長大了！」瀲漪腦海中回響著這句話，人已進了「淩家早餐店」。

瀲漪吃力地掀開蒸籠，緊張地用夾子夾起一個肉包，小手不知被蒸氣燙過幾次了。一個、兩個、三個，袋子裡裝了三個肉包了，只差最後一個了。瀲漪正慶幸著大功即將告成，不料手一鬆，熱呼呼的肉包掉在地上。

「糟了！」瀲漪心中一驚，嚇得臉都發白了。四下看了看，心中暗忖著：該如何是好？眼珠子轉了轉，她心裡盤算著：怎樣來面對這個難堪的局面？

首先，趁著没人發現前，趕快再夾一個，付了錢就「落跑」。不好不好！瀲漪搖了搖頭，甩開腦中的「邪念」。

「要不嘛！把包子撿起來，另外放一個袋子，照樣付六十元，自己餓肚子算了。」不行不行，瀲漪又搖了搖頭，暗駡自己傻。

接著，又想了一個方法，那就是把一個乾淨的包子放回去，用十五元買其他同價值的早點，這樣不但爲自己的不小心負了責，也買了四人份的早點。只是抬頭看了看單價表，瀲漪實在不知道如何用十五元買兩份早餐。

唉！她在心底嘆了口氣，猶豫不決地看了一眼老闆，心中正在天人交戰著。「去向老闆道歉吧！」正義之神喊著。「別去，反正没人發現嘛！」撒旦也喊著。

彷彿過了一世紀那麼久，風瀲漪抱著「風蕭蕭兮易水寒，壯士一去兮不復還」的決心，鼓起勇氣走向櫃台，怯怯地叫住正在忙的老闆：「叔叔，對不起！我……我不小心把……包子……掉……掉在地上了。」愈説頭愈低，整個臉都紅了。

凌老闆愣然地看著眼前的小女孩，懷疑地摸了摸自己的臉，心想：「我真長得如此凶神惡煞嗎？」他輕笑了一下，接過瀲漪手中的袋子，替她又夾了個肉包，遞給她，伸出另一隻手説：「六十元。」

風瀲漪詫異地抬起小臉，機械式的交出六十元，連聲説道：「謝謝！謝謝！」她實在是太訝異了，緊繃的心頓時鬆卸下來，緩步走出早餐店，大口吸了吸新鮮的空氣，感覺到整座城市正在甦醒，嘴裡忍不住哼起歌來：「誠實，多麼棒！勇敢，多可愛！……」

動腦與回饋

一、你曾經在馬路上撿過錢嗎？如果撿過，你是怎麼處理的？

二、買西點麵包，假使不小心掉下時，你會怎麼收拾殘局？

三、如果你是大頭，殘障婦人求你幫忙時，你會怎樣應對？

四、體會了這麼多左右爲難的情境後，也請你來一篇創意的「抉擇」。

題目：

生活中接觸最多的作文

應用文演練

應用文是爲了處理日常事務而寫的文章。從文字實際使用的情況來看，在我們日常生活中接觸最多的，應該要算是應用文了。例如，我們領東西要寫領據，借東西要打借條；因病、因事不能上學或上班時，免不了要寫請假單；要召開會議，先得把會議的時間、地點和內容告訴大家，這時就要寫通知；要拜託外地的親戚朋友辦事，除了電話外，便是寫信，或是上網寫電子郵件……以上的領據、借條、通知、請假單、書信、電子郵件等都是應用文，所以我們在日常生活中的確離不開應用文。

應用文是爲了處理生活上的問題或解決問題而寫的，因此內容不可失眞，也不能有虛假或捏造，必須很眞實地寫出實際情況。

寫應用文要直截了當，開門見山，不可拐彎抹角，語言文字必須簡明準確樸實易懂。

不同種類的應用文有不同的格式，這些格式是自古以來約定俗成修訂發展下來的，一般人都按慣用的格式寫，讓別人一看就明白，處理事情來也就方便很多了。因此，我們寫應用文時，內容表達方式可以創新外，格式最好要按慣用的方式來寫，否則人家會笑你不懂應用文，不會寫應用文了。

應用文的種類有很多，下面介紹的是我們當學生的，在學習和生活上經常要用到的幾種，除了簡略說明它的意義和作用外，並列舉一、二則同學寫的較有創意的作品，供同學參照學習。

一、便條

是書信的變式，也就是簡便的書信。它不具形式，只要把主要的意思簡略地寫出來就可以了。不必加封套，親自奉上或託人轉送，不必付郵。

㈠悔過書

親愛的×老師：

今天在課堂上所犯的錯誤，我承認我錯了，我不該辜負您的一片苦心。對於您的諄諄教誨，我會銘記在心。

從今以後，我再也不會在課堂中多嘴，如果再犯，願接受最嚴厲的處罰。請原諒我好嗎？祝

教安

學生邱文慧敬上

八十八年五月二十五日

㈡「請勿進入」告示牌

在下呂曉雯也，現在正和「周公」在寒舍下棋、聊天。所謂「休息是為了走更長遠的路」。所以在此鄭重呼籲：閒雜人等和動物不得進入，否則後果自行解決。

二、條據

可分為借據、領據及收據。它們都屬於信守文書。各舉一例提供參考：

㈠借據

茲借到

「獼猴爸爸」錄影帶一卷，帶回家給家人觀賞，三天內奉還。　此致

中正國中教務處設備組

一年十班學生林文寶

九月三十日

㈡領據

茲領到

中正國中愛心基金會慰問金陸仟元正。謝謝！

具領人：二年六班學生邱上進 十月二十日

㈢收據

茲收到

國語日報社寄來八十八年八月二十日「酷寶歷險記」一文稿費新台幣壹仟參佰伍拾元正。

此據

具收人：林文成

八十八年十月三日

三、請假單

人免不了會生病或有事，這時候便需要寫請假單。

林老師：

今天早上起牀後，覺得渾身不舒服，似乎有感冒現象。爸爸準備帶我去給醫生診治，如果身體無什麼大礙，下午再去學校好嗎？敬請　准假。謝謝！並祝

道安

學生林文斌敬上

九月十三日

四、通知

是一種告訴有關人員去做某項工作，或參加某種活動的應用文。因此它有告知、指示和交代的作用。寫「通知」時，標題要清楚、醒目，如「補課通知」、「開會通知」等；正文要具體、明確；落款要寫清楚發通知的單位和日期；如果是發給個人，則要在正文上邊，或文末用另一行頂格寫上被通知人姓名。

開會通知

茲訂於十月五日下午三時，在本班教室召開班會，討論有關週休二日郊遊事情，敬請各位同學準時出席參加，藉以交換意見，集思廣益。

一年十班班長王小華啟

十月二日

五、日記

日記是把自己每天所做、所見、所聞、所感等，用文字選擇性地記錄下來的應用文。寫作時，必須寫明日期、星期、天氣，通常這部分內容要寫第一行。日記的正文可用記敍、描寫、論說、抒情，甚至於用新詩或漫畫表達。篇幅可長可短，寫法可靈活多樣，但是內容不可虛構，一定要眞實。

日記一則　二年七班謝明謙

今天很早就起來了，想下樓再陪陪奶奶，但姑姑和爸媽卻比我更早起來，不如這麼說吧！他們一夜沒睡，眼睛都哭到紅腫了。

到了學校，腦中浮現的皆是奶奶的一眸一笑，她是如何愛護我們，寫到這裡，淚水又溼潤了整個眼球。下了課，馬上衝回家，我實在是無法離開平日那麼愛我們的奶奶。

晚上奶奶就要入殮了，到現在我始終不相信，奶奶真的已離我而去，淚，已不再流出，再也感受不到那鹹滋滋的滋味，因為奶奶最不忍心看到我們這羣小蘿蔔頭流淚了。

直到今天，我才深深領悟到什麼是「樹欲靜而風不止，子欲養而親不在」，親人的離去是最令人傷心的，再也沒有比這更令人喪失希望、心情崩潰的，「搭錯車」裡的老孫死去時，她女兒才驚覺到父親的存在是多麼重要。我發誓：

只要父母在的一天，我就要好好孝順他們，不讓他們操心。啊！眼皮好重，哭了一天，我也該讓靈魂之窗休……息……了。

六、書信

我們在日常生活、學習和工作中，經常要和不在一起的親友、同學聯繫，而聯繫的方式，除了電話和上網外，最常用、最能吐露眞情的該算是書信了。書信的結構大概有八個部分組成：稱呼、問候、正文、結尾、署名、日期、信封及其他（如附言、並候語）。

給偶像趙薇的一封信　　二年九班　李悅婷

小燕子：

自從妳演了「還珠格格」裡的小燕子以後，海峽兩岸不知有多少人為妳瘋狂、為妳著迷。妳那可愛的面容、開朗的性格已徹徹底底征服了我的心。

四月十九日，你們演「還珠格格」的一批人來到了台灣，當天，我真恨不得飛到台北，在歡迎會上獻上一束花，也獻上我的一片真心。

四月二十一日，你們來到了高雄，我怎能放棄機會，當我第一眼看到妳的時候，是多麼興奮，不知有多少喜悅湧上心頭，只差沒喊出口呢！

拿著妳的唱片跟你們到飯店，跟你們到旗津吃海鮮，從中午到晚上，我的視線從沒離開過妳，當妳向我揮手的那一秒鐘，我真得高興的快要飛上天，哪怕只有那一點時間呢！

每天晚上八點是全家一天最快樂的時候了，時間一到，屁股一坐，不管有什麼大事，眼睛總離不開電視，全家的心就像被妳那雙有磁性的眼睛緊緊吸住一般，心情隨著妳的喜怒哀樂而高低起伏。

每天到了學校，更不忘和同學討論昨晚的劇情，但話題總是環繞在妳的演出上，在我心中，妳演的小燕子是完美無缺的，不像戲中的妳是那麼的調度搗蛋，愛耍花招。

當然，妳的海報、照片我可是多得不得了，只要任何書本，雜誌有妳的圖片，我便會忍不住的買下來。在家裡，還自己布置了一個「趙薇專櫃」來收藏妳的東西。別人家裡是「屋內四壁皆是書」，而我卻是「房內四壁皆趙薇」！我喜歡妳的程度是可想而知的。

總之，我對妳的感情是千言萬語也道不盡的，就讓它一切盡在不言中吧！

祝

事業順利、

永遠美麗

妳的死忠影迷、歌迷　悅婷筆

八十八、五、二十八

七、畢業祝辭和謝辭

每年鳳凰花開時，就是各級學校舉行畢業典禮的時期。這時候作文課上，不妨讓在校生來一篇感謝扶持、不捨勞燕分飛的感性祝辭；同樣的，也可以讓應屆畢業生寫一篇三年來點滴在心頭的懷念情愫，作爲類似畢業典禮上的「謝辭」形式。

在校生祝福辭　二年九班　潘俊仁

各位學長、學姊們：

帶這充滿著歡笑的校園中，我們已和學姊、學長們共度了兩年不算短的時光，今天即將與你們分離，心中有的，不知是歡送你們的愉悅心情，亦是依依不捨的感傷情懷。

人家常說：「天下無不散的宴席。」而我們卻是如此，我們在這段歲月裡所譜出的那一段濃濃的感情，是比陳年老酒還香、還醇的！

即使今天與你們分離，但那段美好回憶，仍然是甘諄的，是甜美的，正因如此，我們心心相繫。

從前的每一刻每一秒甜蜜的回憶，我們都共同走過，它深深的埋藏在我們內心深處，是誰永遠也帶不走的，時時刻刻，你可以去回憶它，它就像是一本永不泛黃的日記，十年、二十年，當妳去閱讀它時，它的內容，依舊能使你倍感溫馨。

面對即將分離的日子，我們最怕的是走向教室時，面對著一條沒有你們的走廊，那會使我們感傷，使我們落淚，因為，我們曾經一同走過這條漫長的走廊，在那兒曾經有我們的笑聲、問候聲。

別了！學姊、學長們，儘管千言萬語，卻也只能化為一句「珍重再見」。

八、演講稿：

現階段工商業發達，科技突飛猛進，社會文明也大幅跟著推進的今天，人與人之間的接觸也日漸頻繁，即席演說的機會猶如潮水般湧來，想擋也擋不住。所以身處二十一世紀的人們，不能不練就快速草擬「演講稿」的技能，來應付層出不窮的演說壓力。

迎接資訊時代（演講稿）　二年七班　蔡緯屏

各位來賓們大家好：今天能在此和諸位談「如何迎接資訊時代」，真是深感榮幸，敬請各位多多批評與指教。

現今資訊傳播快速，資訊工業也日益進步，網路可說是大多數人用來吸收新知的最重要途徑，要是你還未學會上網，就是跟不上資訊的腳步，是很容易在這股潮流中迷失了自我，成為落伍的土包子。

近年來，電腦愈來愈普及，也漸漸成為生活必需的學習工具，傳統的信件被電子郵件所取代，就連公司的重要會議都可在家邊享受邊參與，可說是一舉兩得，快樂似神仙。

網路還有一項重要功能，就是在醫療設備缺乏的地區，病患可以藉由它很快地取得聯繫，讓醫生可以得知病人的病況，做準確的診斷，爭取寶貴時間，更可把救人助世的精神，通暢無阻地散發到各地。

最後，要是大家都能好好利用資訊系統，更能發現它使生活更便利，各項產業也可同步升級，邁向資訊發達的新紀元。希望大家一起來共同努力吧！謝謝大家。

動腦與回饋

一、何謂應用文？大概可以分爲幾類？

二、書信的結構大約可包括那些部分？

三、日記的寫作必須包括哪些？正文寫法有沒有嚴格規定？

四、請依自己的實際需要，各寫一則便條及請假單。

題目：

小小劇場的創意作文

教你怎樣編寫劇本

二年級寫過了「小小說」，也上過了「看電影寫影評」之後，到了三年級順理成章的該是練習寫劇本的時候了。

大人們常說：「現在的年輕人實在太幸福了，要什麼有什麼，物質的享受比起從前我們老一輩年輕時，可眞有天壤之別。」以我看其中最大不同的「物質享受」，要算是「電視」了。

因爲電視的發明，使得現在的年輕人，每天耗在電視上的時間，在一天中所占的比率非常高。因爲電視看多了，聊起各種節目來還眞是頭頭是道，尤其是八點檔連續劇的劇情，更是瞭若指掌。所以如果要時下的年輕人練習編寫劇本，比起我們年輕時會更有本錢、更有創意。可惜，很少聽說有哪位國中國文老師，肯用心、認眞地開發同學們這方面的天賦和潛能。套一句成語，眞有點兒「暴殄天『賦』」了。

上課時，我問同學說：「你們二年級時寫過小說，也看過電影寫過影評。相信大家對於小說，以及演戲的藍本——劇本，大概都有粗淺的認識，對不對？」有不少的同學直點頭，當然也有一臉茫然的同學。

我接著問：「小說和劇本到底有哪些地方相類似？又有哪些地方不盡相同的？」一向學習認眞的張朝棟站了起來說：「老師，以我的看法，無論是小說或戲劇，它們有個共同點，必須有一個故事做基礎，故事中也必須有許多人物。故事的情節發展，通常都以大量的人物對話來帶動，使故事懸疑曲折、高潮迭起，來吸引讀者、觀衆，對不對？」話一說完，博得了不少掌聲。

「朝棟說得很對！也很有見地。請問，劇本跟小說不同的地方又在哪兒呢？誰知道？」嗜書如命的丁天欣舉手回答說：「我認爲最大的不同，劇本幾乎以人物的對白爲主外，還要外加動作、表情的描述，好讓演員有所遵循，以達成戲劇的效果。」

「你們看過由小說改編的電影或電視連續劇吧！」很多同學點頭齊聲說：「看過。」

「像大家讀過海明威的『老人與海』、鄭豐喜的『汪洋中的一條船』都拍成電影了，以及瓊瑤的小說，幾乎都改編成電視連續劇。小說原著與改編成的劇本，最大的不同，除了天欣說的以外，劇本是以人物的ㄇ白或動作，來作爲劇情故事發展的主軸。換句話說，劇本是立體的、明快的來展現劇情；而小說故事的呈現，則比較著重平面的、細膩的描述。看過由小說改編的電影或電視劇的同學，你只要稍微回想一下，然後加以比較，不難了解老師所說的道理，對不對？」不少的同學面露微笑地猛點頭。

我接著說：「還有，劇本的前頭，通常先要簡介一下故事發生的『場景』；劇中有哪些主要『人物』出場演出；故事發生的大約『時間』；以及『幕啓』時，爲了讓觀衆很快進入劇情，可能需要的旁白或字幕。最後『閉幕』時，需要向觀衆交代的話。這些在小說原著裡是看不到的。」我一面解說，一面把五個『』內的項目，寫在綠板上，好讓同學能更清楚。

講了一大堆的理論之後，同學們仍然有點兒面露「霧煞煞」的表情，這時候我心裡很明白：該是引導同學實際練習寫劇本的時候了。

「同學們，你們現在上課的教室，是新落成使用的，還是舊教室？」

「新的！」

「你們暑假把自己的課桌椅搬來這裡時，除了課桌椅外，你們有沒有注意到教室裡面還有什麼東西？」

「綠板、講桌、板擦、粉筆、掃帚、拖把、窗戶……」愛調皮搗蛋的郭宗育說出這些以後，還不死心地東張西望，想再挖出幾個，最後喪氣地說：「只有這些，沒啦！」頓時引起全班哄堂大笑。

細心認眞的李苔甄不以爲然地說：「老師，我認爲還有我們上課的這間教室，不是嗎？」大家「哦」的一聲，愛插嘴的蘇宣融還加了一句「有影哦」。

「剛才同學和老師談了不少寫劇本的常識，有部分同學還是弄不清楚，現在老師就根據教室裡的東西，以擬人法的方式，來試寫一篇劇本好不好？」同學們看到老師要現身說法，當然都樂得拍手贊同。

「請問大家：教室裡的這些東西，對我們上課最有貢獻，也就是最偉大的是誰？你們能說出來嗎？」大家七嘴八舌，說不出所以然。於是，我一面發下我三十年前所發表的類似短文「誰最偉大？」，一面勸和地說：「不用爭了，我剛好有一篇文章寫這方面的事情，現在拿來作為同學們習作劇本的參考。裡面出場的人物湊巧有七個，全班有七排，每排按照順序擔任一個角色，旁白由我來念，好不好？」大家想到可以集體演話劇，便眉開眼笑地瘋了起來。

「俊仁，你先把演出前的劇本簡介內容，寫在綠板上，供大家參考。」

場景：在教室裡。

人物：黑板、粉筆、板擦、成績揭示板、課業椅、講桌及教室先生。

時間：放學後，教室裡空無一人。

幕啟：學生放學後，原本冷冷清清的教室，因教室裡的各種用具的不安份，頓時變得熱鬧起來。

「同學演出前，要先背熟台詞，並把動作、表情融入台詞中，這樣才會演得逼眞，才會有戲劇效果。好，大家準備開始演出了。」

誰最偉大？

林瑞景

美輪美奐的新教室落成了，工人們搬入一張漂亮的新講桌；許多學生也陸陸續續地搬來了課桌椅，整整齊齊地排列著；木工也高高興興地跑進教室，把後面的成績欄安裝上了精緻的壓克麗板。原本冷冷清清的教室，頓時變得熱鬧起來。

站在前頭的黑板，首先驕傲地說：「各位，請安靜。今天起我們大家相聚在一堂，眞是有緣。不過，像剛才各位吵吵鬧鬧總是不雅，所以我覺得我們中間，似乎需要有一位最大的出來領導大家。」黑板先生整整領帶，昂起頭繼續說：「看來看去，偉大的應該是我。因爲教書的老師沒有我，便不能上課；學生聽講時，更少不了我……」

粉筆不服氣地站起來說：「黑板先生別吹了！要不是我在你臉上塗上漂亮的白粉，誰會喜歡你那副黑臉。我想，我才是最……」

「喲！粉筆弟弟，看你那副德性，好像得意得很呢！」板擦搶了粉筆的話，接著說：「要不是我把你黏在黑板先生臉上的東一塊西一塊髒粉擦掉，那簡直是難看死了！我看我才是最有用、最漂亮的一個……」

「哼!你那花花臉，漂亮個鬼，妳還是去照照鏡子吧!」站在後面的成績揭示板不屑的說。

「大家別吵了。說來說去，我還是最重要、最偉大的;沒有我，根本就不能上課。」課桌椅說。

「矮子，你神氣什麼!論身體，你是排骨;論高度，又比我矮了半截。而且，每次老師上課，都在我身邊打轉，捨不得離開我。可是，我從來就沒看過老師和你親熱過，這怎麼能說你比大家重要?從這裡可證明，我是最偉大的……」講桌很激動地說。

「不對，是我!」

「不要厚臉皮了，應該是我。」

「你才羞呢!是我……」

大家你一句我一句地爭吵著，始終無法選出最偉大的一個出來領導大家。這時，從大家的頭頂上，忽然傳來宏亮又低沈的聲音說:「嘿!你們都錯了。請你們抬起頭來看一看，你們如果沒有我，怎能相聚在一堂?」大家正詫異間，教室先生繼續說:「其實，沒有我，你們怎麼能夠進來?但是反過來說，沒有你們每一個貢獻出自己的力量，學生們又怎能安心、順利地上課?所以，你們每一位都很重要，也很偉大，也唯有靠大家的互助合作，才能發揮每一位的才能，表現出每一位偉大的事業……」

這時，他們都覺得非常慚愧，不應該不自量力，自我吹噓，個個都決心盡自己的本分，爲學生們獻出最好的服務。

（本文原登在五十九年十二月二十八日「青年戰士報」）

「演得眞好！來，大家來一個愛的鼓勵。」

掌聲過後，我問他們：「好不好玩？」

「好玩！」大家異口同聲地說。

「戲要演得好玩，劇本必須編寫得生動、活潑、有水準。其實，老師的這篇文章，嚴格說起來不是劇本，只是故事、小說的寫法，所以要先改寫成劇本。要怎麼改？誰知道？」

「老師，很簡單，只要把出場的名字寫在最上頭，底下加冒號（：），說話句加引號（「」），就可以了。不然『：』底下說話句照寫，動作、表情的描述另加括弧『（）』，也可以。」書看得多的余宛蓁輕鬆自信地說。

「對，就是這麼簡單，劇本的寫法大家都會了吧?!」看到大多數的同學猛點頭後，我接著說：「那麼，我們今天的作文題目暫定爲『誰最偉大?』，題材由各位同學自己找。譬如說：五個手指頭，你說哪一指最有用?人的身體器官，哪一個部位貢獻最大?森林的動物，哪一種應該稱王？廚房裡的家具、客廳裡的擺設，哪一個可稱得上最偉大？……這些都是見仁見智的問題，所以只要你多用些心去想，都是很容易發揮的劇本題材。經過老師舉出這些例子以後，相信大家的心中，想必已經胸有成竹了吧?!」看到同學們抿著嘴，露出自信的眼神動筆時，我心裡很清楚：這又將是一堂豐收的作文課。

果然，不出我所料，每位同學所編寫的小小劇本，眞是多采多姿、五花八門。題材有超級市場、轎車上、哈日族、漫畫書店、公園裡、火鍋店、農場、天空，甚至於布袋戲偶、總統大選等，都紛紛出籠了，可說是熱鬧非凡、無奇不有的戲劇奇觀。現在選出三篇性質各異的小小劇本，以供欣賞。

團隊合作

鄭安婷

場景：在大霹靂戲棚裡。

人物：四個布袋戲戲偶：素還真、秦假仙、業途靈、玄真君。

時間：某一個收工後的深夜。

開場：在暗暗的戲棚中，忽然出現光線，並伴隨一陣嘈雜聲……一羣木偶開始討論事情……

業途靈：「老大，最近我們的戲分愈來愈少了啊？」

秦假仙：「哼！還不是因爲有人和我們搶戲！」

一名木偶憤然道，臉上盡是怒氣和不滿，對著一個光頭咆哮！

素還真：「怎麼了？爲什麼如此不高興？也許說給劣者知道，可以幫一些忙！」

一位在劇中總是當和事老的人笑問道。

業：「哼！有人搶戲搶得太過分，我們老大不爽啦！」

素：「哦？是誰啊？」

秦：「不就是那個非凡公子，最近他的戲分可重得很咧！」

素：「這是因爲劇情需要啊！兩位還算不錯的呢！有人雖然戲分少，卻也演得很努力啊！」

語畢，素的眼光向戲棚一角望去，示意兩人一同注意。原來是最近演因受傷而智能不足的玄真君，每次出場都像個嬰兒一樣要人照顧。

素：「如何？每次出場都癡癡呆呆的，這演起來可是很累的。」

業：「嗯～，老大，其實我們算不錯啦！有些人即使戲份多，但演的是大反派，沒有人喜歡呢！」

秦：「這……說的也是……」

秦假仙安靜了下來。

素：「其實嫉妒心每個人都有，但是有很多事情是靠大家不計較一切，團結一致才能完成的，若沒有每個人配合演出，也完成不了這齣戲的，所以沒什麼好計較啊！」

秦、業二人點點頭，知道了各盡其職的道理，也不再有所爭吵了。

誰最偉大？

李苔甄

場景：一個晴朗的天空。

人物：雲神、雨神、太陽神、天神、月神、風神。

時間：夏天的早晨。

幕啓：黎明初曉，天界的衆神一時興起，相約一起出去巡視天地萬物，了解大地上生物的生長情形。走著走著……

雨：你們看，大地上一片溼潤，萬物各個長得茁壯、健康。沒有任何一種生物不需要水源的，因此我認爲我可算是偉大得很。

太陽：誰說的，如果沒有我來散播光線、熱氣，很多東西就會發臭、發霉，弄得四處黴菌亂飛、臭氣薰天，所以我才是最偉大的神。（表現出不屑）

月亮：太陽大話別說得太超過，你固然有好處，但是一到了夜晚，沒有我來幫你反射光線，大地一片黑暗，什麼都看不見，我才是最偉大的。

雲：不是不是，我才是真正偉大的。如果哪天我心情不好，把你們給遮住了，你們也偉大不起來。

風：哼，我以爲你們有多麼了不起，我能帶來風，讓人們涼爽，人人需要我，沒我會熱死的，所以最偉大的神應該是我。

雲、雨、風……等神異口同聲地說：「是我、是我。」

天神：別吵了，聽我說句公道話，今天大地上的萬物能過得如此舒服、無憂無慮，全是因爲你們每一位的功勞，所以，你們不要吵了，你們全是最偉大的。

（大家窩心地哈哈大笑，幕漸漸落下。）

誰最偉大？

張朝棟

場景：夜闌人靜，小聞的體內……

人物：心、肝、肺、腎、腸、胃、大腦、血液。

時間：某年某月某日，午夜一點多。

幕啓：雖然小聞已進入夢鄉，但她身體裡卻傳來爭論的聲音……

心：衆兄弟們，今天一定要給我弄清楚，到底誰對小聞最有幫助?!（激動！）

肺：當然是我啦，如果沒有我，小聞就不能呼吸，一切生命現象就必須終止，所以我最偉大！（高傲的口氣，得意的表情）

肝：才怪，少臭美了（不屑）！如果小聞沒有我啊，她體內的毒素可就橫行無阻囉！（冷酷的眼神看向肺，並露出奸笑）嘿，怎樣，甘拜下風了吧？

胃：那有什麼了不起，小聞吃下的任何東西，都必須經過我這一關，好東西，才可通過；壞東西，就會被我的手下（指胃酸）好好地「照顧照顧」！想要取代我？天下找不到第二個囉！

腸：拜託一下，各位！如果沒有我，所有的營養就跟一堆廢鐵一樣不值錢，讓它們白白流失掉了，而且如果我一有毛病，就會牽連到全身上下各部位，你們說，我偉不偉大？

腎：你們簡直是小巫見大巫，如果沒有我，小聞體內的毒素怎麼排出體外？何況我另一個或我們兩個雙胞胎兄弟沒辦法正常發揮功能的話，小聞就必須開刀，洗腎或吃藥治療，沒有一項不花費大筆銀子的，豈不是拖累了一家人嗎？（表情故意裝作很嚴肅）

心：（咳嗽聲）可是你們有沒有想到，如果我一秒鐘「罷工」，只要一秒鐘喔，小聞會變成什麼樣？說來說去，還是我最偉大！（顯得沾沾自喜）

這時候，血液只是默默工作著……

肝：喂，把這髒東西帶走！（輕蔑的口氣）

血液：好！

肺：把氧送到心臟去，快！

血液：沒問題！

心：天哪！血怎麼那麼髒？（很不耐煩）

血液：（沒說話）

接著，大家又繼續爭論不休，不過聲音似乎吵到了大腦……

大腦：各位，不要再吵了，你們爭這個有何意義呢？看看血液，他工作份量不比你我少，但他卻任勞任怨，不跟你們爭任何功勞，甚至你們的惡言相向，他也不計較，你們竟然還不滿足？其實每個器官都很重要，各有各的工作，息息相關，環環相扣，小聞必須靠你們每個人分工合作，不分你我，還要永保正常，小聞才能每天有健康的身體，充沛的活力，在學業等各方面才能有突出的表現，所以呀，（提高音量）你們都最偉大！

（幕閉）

（本文發表於「國文天地」188期90、1）

動腦與回饋

一、劇本與小說有什麼異同？請略述一下。

二、劇本的前頭，通常要簡介與本劇哪些相關的事項？

三、依你的看法，教室內的東西，哪一種對教學最有貢獻？

四、附錄上同學所寫的劇本，哪一篇你最欣賞，其優點在哪兒？有沒有需要改善的地方？

五、當你了解劇本的寫作方法之後，希望你也來創作一篇相關題材的劇本，題目可以自定。

題目：

演話劇、上電視的創意作文

一堂可以上電視的作文課

由於上次的作文課，同學們編寫劇本的表現不俗，所寫出來的作品眞是可圈可點。我心裡在想：既然同學們辛苦創作出這麼多的好劇本，實在應該找機會讓他們演出，以滿足年輕人「愛秀」的心理。

同時也覺得他們三年級了，即將畢業離校，爲師的似乎有責任爲他們留下歷史鏡頭，好作爲日後事業有成、子孫滿堂、開國中同窗會時，有東西拿出來讓大家好好回味。所以，早幾天我就鄭重宣布：這次的作文課，主題是「演話劇、上電視」，請同學及早準備。

當這消息透露出去以後，在同學間造成了不小的轟動，請看同學們是怎麼寫的？

「啊娘喂！」那個林老師又想出了一個怪點子了，真是讓我有點兒吃不消。這次的題目有點奇怪，竟然要我們在電視上出現。但請不要緊張，這只是我們自導自演，而由老師用V8拍攝下來的短劇而已，雖然只是個小小的短劇，但卻有大大的震撼唷！

天吶！這真是太神奇了，真令人無法相信！你知道嗎？我們班在作文課時要上電視了吔！不過呢！只是我們的林老師用V8拍攝下來，然後當場放映給我們看的，羨慕吧？可不要嫉妒喔！（邱惠君）

（李舒寧）

經過百年大地震驚嚇的我們，剛聽到要上電視的消息，心頭一震，真懷疑自己是不是也被震昏了，這種好比在天方夜譚裡才有的事，怎麼可能發生在我們身上？（劉若梅）

哇！真是太不可思議了！世界真是奇妙哇！我們全班要上電視了。天啊！竟然會有這樣的事，實在是太炫了！（黃豐原）

有些同學比較沈穩，不容易激動，但是當聽到上作文課可以在電視上看到自己時，也難掩內心的興奮之情。他們又是怎麼說的呢？請看：

今天的作文課，老師將他的V8帶來，要來拍我們演戲的哦！嘻！今天終於可以上電視了，心中暗暗地竊喜——我終於可以在電視上看到自己了。今天的作文課實現了我多年的夢想。

（邱怡芬）

九月有兩件驚人的大事，除了九二一集集大地震外，還有一件「驚天地，泣鬼神」的驚人大事，那就是三年七班全班同學要上電視了吔。由於上節課老師預告我們說，要帶V8來本班拍戲劇表演，所以才造成了本班的大震撼，使同學們個個既期待又有些恐懼。

（李彥輝）

夜裡，我夢到了我成了電視偶像，什麼劉德華、瑞奇馬汀，甚至是麥可傑克森，都是我忠實的FANS！可是一覺醒來，夢境隨之破滅。唉！不過還好，我想上電視的夢卻即將在今天實現。

（謝明謙）

「這實在是酷斃了，傑克。」今天，我們的創意大師——林瑞景老師，準備把我們全弄到電視裡，目的是把我們的表演錄下來，以作為國中三年內的美好回憶。並以這些過程作為創意作文的題材，寫一篇很不一樣的作文。希望老師能好好保留，等到我們畢業後，可以隨時隨地想起三年七班。

（謝松岳）

每一次上作文課，課前如果很順利地想到了較有創意的好題材時，走起路來心情怡悅，步伐輕快，有時候還會吹吹口哨、哼上兩句流行歌曲。同樣的道理，同學們如果課前知道作文的題目，是自己喜歡、期盼時，他們也必然會引頸期望老師早一點到來，那種既緊張又興奮的心情，任何人都可以想像得到。所以，這方面同學們寫來，眞是多采多姿、花樣百出。

期待的一天終於悄悄來到了。早上的課，全班安靜地上完，彷彿在為下午的作文課醞釀情緒。午睡醒來，只見有些同學蠢蠢欲動、躍躍欲試，大家都想早一點嘗嘗上電視的滋味。

（呂曉雯）

一大早複習考完後，班上的氣氛令人覺得異常詭祕；平常噪音比菜市場還大的班級，現在竟然安靜到連針掉到地上都會吵死人。原來平常那些「大聲公」、「話匣子」們，全都被徵召去準備下午的節目了。啊！今天的作文課，可真是愈來愈讓人期待了。

（蘇裕隆）

在剛睡醒的午後，大家一反常態，個個精神奕奕的，急著排演啦！背詞啦！真是忙得不亦樂乎，原來等會兒上電視的大戲，就要開鑼啦！

（鄭安婷）

睡完午覺起來，大家就滿懷期待的心情，希望老師趕緊來。班長口令一下，大夥兒忙著把桌椅紛紛地搬移到四周，把中間空下來，好讓大家來演戲。沒一會兒的工夫，會場就佈置好了。「康樂」說：這是班上最團結合作的一次。

（邱俊豪）

每次設計出來的創意作文，在有趣的教學活動中，常有意想不到的「心靈改革」的作用，像這次為了演出會場，促成大家空前的團結合作，很令人欣慰。不僅如此，為了節目的演出，有好多同學更犧牲休息、午睡，甚至於暫時把功課擺在一邊，不眠不休地排演、背台詞、製作道具等，其精神眞讓人感動不已。

從老師宣布完後，身為「主謀」的我，便開始招兵買馬，齊聚表演人才。當大家在籌畫時，更是絞盡腦汁，你一言、我一語地討論著。最後，大家終於決定以同學飾演學校老師，來表演這次的九二一大地震。在彩排時，大家更是亂成一團，讓當「軍師」的我，憂心不已。

（李悅嫥）

「好，再重新排練一次就OK了！」負責策畫的同學喊著。為了今天的作文課，我們這些演出的同學已經犧牲了兩天的午睡。（張朝棟）

看著同學寫劇本的寫劇本、做道具的做道具，又看著同學犧牲上課和午睡時間練習，內心除了非常佩服這些同學外，也很期待這次的作文課快點來臨呢！（邱昭燕）

要同學們能夠上電視，先決條件必須要有一台攝影機，所以這堂作文課的最大功臣，非攝影機莫屬了，因此它博得全體同學的注目。更有不少同學在作文簿裡大作「文章」：

哇！V8攝影機吔！還是真的哩，新新亮亮的。老師，你的頭腦是不是「框金」的？怎麼總是有那麼多奇奇怪怪的點子，真不知道你腦子裡到底裝了什麼。（黃暐萍）

節目一開始，老師就拿著用獎金買的那台心愛的V8攝影機，有模有樣地拍攝起來，那種架式簡直可以媲美專業的攝影師呢！（邱文慧）

根據調查，兩班同學面對攝影鏡頭的機會不多，曾經上過電視螢幕的更是鳳毛麟角，所以當我的鏡頭對準他們時，千奇百怪、無奇不有的表情、動作，層出不窮。

哇哇哇！大家面對V8時，有的是遮頭遮臉，有的是趴在桌上，好像昨天去趁火打劫、今天被抓到警察局似的；有些人卻向它招手叫好，好像今天得到冠軍一樣，各有各的不同表情，令人看了真有點哭笑不得。（張濬文）

老師拿著V8拍向台上的表演，還「三不五時」地轉個身拍拍我們這一羣小小觀眾，害得我們羞澀地低下頭來，或拿書來遮。老師看了笑著說：「你們真像做了什麼壞事見不得人，而不敢面對鏡頭。」唯有吳筱琳大方地舉起雙手拚命搶鏡頭，和羞答答的我們成了強烈的對比。（邱俊豪）

有了攝影機，還要有爆笑的節目演出，拍下來的影帶放映出來時，才會有看頭，也才會引起同學的興趣，而寫出精彩逗趣的作文。這次九班演的是長劇「九二一地震的省思」；七班則分六小組，演出短劇。兩班都很搞笑，笑「果」讓同學畢生難忘。

由主持人丁天欣開始報導訪問有關於地震的種種事項，而被訪問的人物都是擔任本班課程，並且具有個人風格的老師。同學們都扮演得維妙維肖，尤其李悅塼的「豬太郎」、張朝棟的「翁啦啦」，都讓人看了就知道是哪位老師，連口氣、動作都像得令人嘆為觀止。

（九班・呂曉雯）

同學們一個個在台上賣力地演出，而我們則在一旁笑得腰都挺不直，整個身體都趴在桌上起不來，還不停地拍打桌子，才能平復高亢的情緒。哎！他們實在演得太好笑了、太酷斃了！

（九班・邱昭燕）

輪到第六組的「分工合作」時，還真是讓我笑掉大牙呢！蔡緯屏的動作是大家注目的焦點；剛開始像個「暴露狂」，之後又像個白癡一樣比手畫腳，讓人難以想像平時的他是個既文靜又老實的班長呢！啊！人不可貌相，演戲容易使人瘋狂。

（七班・黃暐萍）

當大地震來臨時，豐原就開始像一隻「瘋」豬，緊抱住陳柏因，這時我覺得好像在演口蹄疫病豬，而不是演地震了呢！後來「瘋」原把柏因扛了起來（把他當作書包），又假裝骨折，要我拖他送醫，真是痛苦極了。近一百公斤壓在身上，連走都不行，怎能送醫！其實我還嚴重內傷呢！最後終了，黃瘋豬所扮演的不知是口蹄疫病發而亡，或是因地震而死，其狀悽慘，真令人捧腹不已。

（七班・鄭彥宏）

終於輪到我們了，老實說我們很緊張，因為連劇本都沒有，所以我們是「即興演出」的。首先導演林育辰就很「跩」地說：「好啦！你們都是我的犧牲品。」讓人很想扁他。然後開始了，首先是地震場景，我就很賣力地把陳柏因壓下去，然後又把他抬起當枕頭。這時，可惡的林育辰竟然又說：「黃豐原折斷兩隻腳，躺在地上無法動彈，請鄭彥宏來為我們示範如何運送傷患。」接下來他推我兩下，可是我像泰山一樣動也不動。這時沒口德的林育辰竟然用嘲弄的口氣說：「體重差太多了！」真是讓我火冒三丈，但最氣人的是，他竟然拿了一把高椅子，叫我當被壓死的人，真是太過分了。

（七班・黃豐原）

一上台正要說話時，往觀眾席看了一下，嘴突然動不起來了，壓力好像變成了石頭，狠狠地壓在我的身上，連呼吸也覺得困難。所幸到了最後，還是撐了下來，如我先前所料，只要第一步踏出去，後面的便簡單了。

（七班・林育辰）

節目結束了，接下來該是看電視的時間了。雖然每一個人都知道電視上會出現自己，但是當螢幕上一發現自己的身影時，「驚喜」馬上寫在臉上，甚至有不少同學臉上還出現了蘋果紅。

當每組都表演完畢，心情開始緊張了，老師以俐落的手腳將V8和電視機接好播出。哇！開始有螢幕了，全班的每雙眼睛都往電視螢幕凝視，好像連呼吸也暫時停住了。等同學的影像聲響出現後，大家都開懷大笑，有誰說誰，互相漏氣，還真像電視上的「我們這一班」呢！

（陳穎萱）

當回顧影片時，有些人雖然沒參加演出，但卻都在電視上看到了自己。我想這是一個全新的體驗，電視機前的我看著電視上的自己，第一次如此客觀地由第三者來觀看自己，真的很新鮮，也很特別。

（呂曉雯）

第一次看到自己出現在電視上，我第一個想法是：那個人真的是我嗎？我的動作有這麼誇張嗎？我什麼時候做過這個動作？……一連串的問號，可把我問倒了。

（邱昭燕）

這是一次現演、現秀、現錄、現播的電視節目，所以惹得大家哄堂大笑。很開心的是，我雖然演得不好，有些緊張，但是因為演了小角色，而搶了不少鏡頭。這真是一個又爆笑、又溫馨、又好玩的難忘經驗。

（楊先雯）

最後老師把拍攝的帶子放給我們看，讓我們體驗一下在電視上出現的快感。當然，那種感覺真的是用言語也說不清楚的，因為呀！那種感覺就像明星偶像出現在螢光幕上一樣，真是棒極了。

（邱惠君）

電視看完了，作文課進行到這個時候，每個同學的心中都很清楚——該是對整堂作文課的得失提出個人看法，以及抒發內心感想的時候了。或許是這一堂可以上電視的作文課，對每一位同學來說是第一次嘗試，所以覺得格外新鮮、有趣，因此心中的感觸特別多，也特別不一樣。

當電視開始播出時，我看到的我只是在鏡頭中的一個小角落，心中不禁升起一份失落感。為什麼呢？因為缺少了那份參與感，便少了那份付出後的快樂。我想：如果還有一次上電視的機會，我一定要勇於參加演出，就算是小角色，總是多了份參與後的快

樂。（李舒寧）

經由這次的作文課，能夠讓我們有機會上台紓解我們的表演慾；也因為這次的作文課，本班變成除了運動會以外最團結的一次，增進了我們彼此間的友誼。（張朝棟）

雖然大家經驗不足，很多地方都欠熟練，但是我們認為這樣有趣的事情，是因為有大家的參與才有意義、更具價值，因此，「分工合作」是非常重要的課題。我想：這將會是我國中生活中，最有趣、最值得懷念的時光。（鄭安婷）

這次的作文課，讓我體會到班上的同學互助合作的重要，並且希望這樣的創意作文課能夠多上幾次，使每位同學寫起作文來，才不會覺得枯燥乏味，而且寫得精彩、寫得有夠「ㄅㄧㄤˋ」。（蘇宣融）

每一次創意作文的教學設計，常給同學帶來許多料想不到的啓迪和激勵。像這次可以上電視的作文課，促使同學更懂得團結合作，點醒同學更勇於參與活動，潛移默化地鼓勵同學學習獨當一面，開創人生更燦爛的未來。不但如此，說不定同學上了「作文課像記者會」、

「進入小說殿堂」、「看電影寫影評」等，將來很可能有同學走上記者、小說家、影評人的行業。像這次大夥兒演戲上電視，就有同學在寫感想時說：「大明星」可能會在自己班上產生；也有同學把這次的作文當成了「電影夏令營」；更有很多同學給這一堂課，在寫感想時有很高的評價和期許。

其實像我們一樣的「凡夫俗子」，實在說沒多大機會能上電視，所以一聽到要上電視，大家都顯出既害怕又興奮的心情。不過，經過這次的訓練，很可能以後我們班真的有「大明星」產生。

（陳淑雅）

這堂作文課真是挺新鮮的嘗試，不但自己編劇本，也參加了演出，像是參加「電影夏令營」一樣，感覺比從前更有趣了。但願老師以後能再多想些妙點子，即使白髮多點也沒關係，因為愈多愈顯得有學問。

（黃暐萍）

這次的作文課，真是有夠「死北秀」！老師的腦子真的不知道裝了多少東西，可說是個「八寶箱」，不！是「萬花筒」！老師，弟子在此給你「百車書」的封號，用來讚揚你那永無止境的智慧、無窮盡的腦袋吧！

（謝明謙）

雖然我不曉得以後的日子上的課有多麼特別，但我知道不會忘記今天的作文課所帶給我的感覺，以及和同學們一起「上電視」的情形，我會把這很特別的記憶風乾起來，好好收藏著這令人難忘的經驗。

（呂曉雯）

今天上電視的作文課，對我、對大家來說，是一堂有錢難買的經驗。以後大家各奔東西以後，不管時間怎麼流逝，我仍然會想起——我們曾經上過電視，我們曾經有那麼一堂令人回味、懷念的作文課。

（尤亭雅）

這真是一堂有趣無比的作文課，要是每一位老師的教學方法，都這麼輕鬆有趣，還怕有學生不喜歡聽課嗎？嗯！不知道林老師下次又有啥鬼點子？真叫人期待！

（蘇裕隆）

（本文發表「國文天地」179期89、4）

動腦與回饋

一、在你看過的電影或電視劇中，印象最深的是哪一部？劇情大概如何？如果叫你演，最想演出哪個角色？

二、你想不想上電視？如果想，最希望以什麼方式上電視？

三、這一堂「可以上電視的作文課」是怎麼布局的？請你抽絲剝繭地把它理出來。

四、有位同學說：八十八年九月有兩件驚人大事：一是集集大地震，另一項是全班「上電視」，還形容成「驚天地，泣鬼神」。這種寫法妥當嗎？

五、你家或親友家如有攝影機，請你也設計一次上電視的機會，並把這次難得的經驗寫成作文（題目自訂）。

六、如果一時無法安排上電視，則請你寫一篇「一堂可以上電視的作文課」讀後感。

題目：

新點子、新招數的創意作文

心愛物展示、臭彈秀

當今的台灣社會，工商業繁榮發達，家家戶戶豐衣足食，小孩子的零用錢，可以說荷包滿滿，花起錢來手頭大方，只要看到喜歡的東西，無不爽快地買回家，所以心愛物幾乎擺滿了房間。

前些日子上課時，有意無意間談到這件事，同學們興致勃勃、眉飛色舞地競說自己的心愛物。這時候，我忽然有一個想法：如果班上來一次心愛物展示，一定很好玩、很熱鬧。於是，我告訴同學們：我們何不利用下次的作文課，每個人從家裡帶來一、二件心愛物，到班上展示，和大家一起分享，並寫「心愛物展示」的作文。

展示的方式有很多種，可以依據實際的情況來靈活應用。不過，原則上靜態的、大件的可以課前公開陳展，或私下傳看；動態的或小件的，則先各自保管，等上課時當場展示，以增加神祕性和驚喜感，使上課的場面更熱鬧，讓氣氛High到最高點。如此一來，同學的作文才有取之不盡的寫作材料，寫出來的文章可觀性才更强。

上課時，可利用一節課請同學各自上台簡介心愛物，說出心愛的原因和互動的精彩片段，但時間不宜太冗長，好讓每位同學都有上台「秀」一下的機會。如果有V8攝影機，可以把全部過程錄影下來，取名爲「心愛物臭彈秀」，保證整節課「臭彈」四射，當場播映到電視上給同學觀賞時，全場一定笑得人仰馬翻。

如果老師能夠放下身段，也上台秀一下自己的心愛物，相信將帶給同學們畢生難忘的回憶。

在班上還沒有舉辦「心愛物展示」以前，如果同學對心愛物有很多、很深的互動和感情，不妨先來一個「我的心愛物」抒抒懷，也滿有意思。只是較靜態，沒那麼熱鬧罷了。

第二節寫作時，先請同學把展示前的新鮮感和興奮情，寫在第一段，並把題目很自然地帶上來。

接著可以概括性地寫一下展示場的情形，同學們帶心愛物的盛況。最重要的，同學們的亢奮容顏，和老師有異以往的表現，都是值得大家刻畫的好題材。

通常在前面幾個亮相的心愛物，給人的印象最爲深刻，老師安排出場順序時，要稍作挑選。同學們寫作時，順理成章地把每一樣心愛物，各成一段地加以描述。

介紹三、四個精彩的、最具代表性的心愛物之後，接下來該輪到詳述自己的心愛物。因爲是自己的，所以介紹起來要更親切有味才對。

其餘的心愛物，可以用簡單、扼要、概括性的補充點出，作一個較完整性的交代。最後，從同學們的心愛物中，所帶給自己的啓示，以及對這堂既新鮮又有趣的作文方式，感受如何？分別分段加以抒懷，作爲呼應開頭和結束全文的基石。

爲了讓您更進一步了解作文的全貌，特別附列我班上同學兩篇截然不同的作品，供你參考。

心愛物展示

張朝棟

一生當中，隨著年齡的增長，在每一個階段，每個人所擁有的心愛物都不盡相同。每個心愛物都是對那個人意義重大，或是因某種機緣方可得到，雖然有的只是平常一些不起眼的東西，但卻是無價之寶。如果能夠聚集全世界每個人的心愛物於一堂，一定非常熱鬧、無奇不有。

由於老師知道下午第一堂課一定會有很多人打瞌睡，所以就突發奇想，出了這個勁爆的作文題目，確實讓每個人的瞌睡蟲全被趕走了。

首先上台亮相的是李舒寧，她的心愛物是她多年收集的小沙罐，每一罐都很精緻，看得出來她花了很多心血來收集，雖然看上去只是一般的沙子，但對她來講，可能比黃金還貴重！

再來是丁天欣的眼鏡，當她一拿出來，全班都發出了不可思議的聲音，連眼鏡也是心愛物？不過她補充了一段話我覺得很有道理，她說就是因爲有了這副眼鏡，才能使她看得明白，爲她生活增色不少。有這種觀念的人，她的觀察力一定非常强，連日常生活的必需品也能悟出一番樂趣，這真的不是一般人可爲的。

接著，李晟瑋在全班的「鼓勵」之下，終於鼓起最大的勇氣將他的手機現出來，老師看了嚇一跳，我也覺得不得了，他的媽媽對他還真「照顧」，國中時期就有自己的手機了！

再來，最精彩的壓軸好戲上場了，蘇宣融的心愛物竟然是一條由班上幾位同學合送的彩色花內褲，全班都嚷著要看，連老師也跟著起哄，但是他當然不願意啊，這麼貼身的東西怎麼可以被我們看光光呢？不過最後還是在他做最大的讓步下——只給老師看，結束了這場風波。

今天，老師著實讓我們上了一次充實、有趣、快樂的作文課，雖然我們從頭笑到尾，不過我們真的在這九十分鐘裡學到了很多；唯一遺憾的，就是有很多人（包括我）都忘了帶自己的心愛物來和大家分享，不然的話，一定會有更多歡樂來拜訪本班。

心愛物展示

丁天欣

唐太宗說：「以銅爲鏡，可以正衣冠；以古爲鏡，可以知興替；以人爲鏡，可以明得失。」今天大家的心愛物齊聚一堂，在衆說紛紜的介紹中，我靜靜地以「每個人的珍寶」爲鏡，去思考、探討每個人不同的價值觀。

「這項鍊，」先雯說：「是我一出生就戴上的了。」這份寸步不離的親密，注定要相守一生的肯定——我想，那項鍊，絕不僅止於增加她的亮麗。最重要的，它載滿著十五年來她父母的祝福及期許，而它在這十五年中，也化成了她最寶貴的青春記憶。

好多娃娃、好多可人的小玩偶，睜著眼，眨著眼，定定地望著自己。我想，在殘酷的優勝劣敗中，不論是忙於課業中的少年學子，或在爾虞我詐的競爭中，每個人都有苦水，每個人都有失意，每個人或許都需要一個陪伴著自己走過低潮的安慰。「分享的快樂是加倍的，分擔的憂愁是減半的。」

當然，其中有人以精心的收藏爲傲，有人陶醉在時髦的風華裡，有人是爲了紀念一件生命中的大事，有人的寶貝竟也是一副所謂「患難與共」的眼鏡……

喜歡宋晶宜女士在「雅量」一文中所說的：「你聽你的鳥鳴，他看他的日出，彼此都會有等量美的感受。」我很品味這一次的「心愛物」展示。

動腦與回饋

一、請你寫出現今青少年擁有「心愛物的心裡想法」。

二、你的朋友中，哪些人的心愛物，帶給你的印象最深刻？

三、請問你的心愛物是什麼？你怎麼得到的？平日你如何和它互動？並帶給你什麼樣的影響？根據這些，寫一篇「我的心愛物」的作文。

題目：

千山我獨行的創意作文

我的座右銘

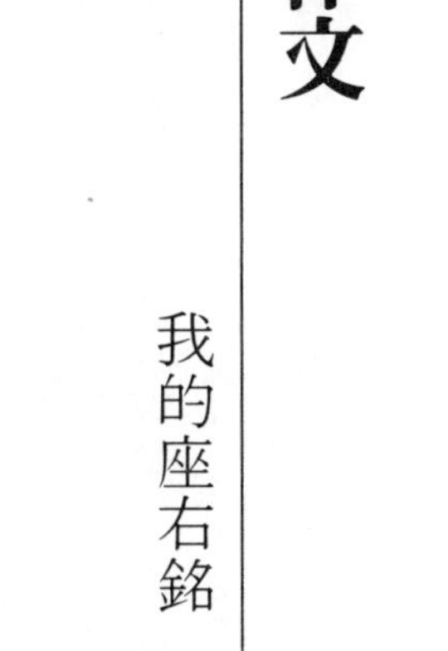

國文課本第六册第一課是崔瑗的「座右銘」，在「討論與練習」的最後一題，是要每位同學爲自己寫一則座右銘。匆促之間要同學寫出令自己滿意的座右銘，實在有點兒不近情理，也不切實際，所以在權宜之下，我徵得大家的同意，利用下次的作文課寫「我的座右銘」，要大家及早準備，尤其是自己的「座右銘」，一定要事先想好。

在提出自己的座右銘之前，當然得先介紹自己的座右銘是怎麼來的？是看書來的？是人家送的？從聽歌中得到的？還是從生活歷練中領悟出來的？……不管怎麼說，反正座右銘不可能從天上掉下來，由地下蹦出來。因此，作文的開始，首先要娓娓道出「座右銘」的由來。

國一時，有位同學在我生日時，送來了一份精美的禮物，那是一張黃褐色的軟木塞紙，上面用優美的毛筆字寫著「不經一番寒徹骨，焉得梅花撲鼻香」。而這句話也成了我日後形影不離的座右銘。

（李悅娉）

咦？我的座右銘？（靈機一閃）想到了！我的座右銘是來自一首歌，翻成中文是「讓音樂陶冶你的心靈」。我聽媽媽說過：「學音樂的小孩一定不會變壞。」不過，如果學的是搖滾樂呢？那種重金屬的音樂，歌手都打扮得超「ㄅㄧㄤˋ」，那真的不會學壞嗎？但我確信：只存心讓音樂陶冶心靈的孩子——像我，絕對不可能變壞！

（楊先雯）

在一次偶然之間，隨意翻書的我，看到了一句話——不要向失敗屈服，只要你堅持到底，成功終歸是屬於你的。也不知道怎麼了，竟然會喜歡上它，便隨手把它抄了下來，放在書桌的玻璃墊下，一直作為我自己人生奮鬥的座右銘。

（李苔甄）

一般人的座右銘只是短短的一、二句格言或佳句，很少像崔瑗的有十行二十句那麼長。不過，一向很「鐵齒」的蘇裕隆同學，居然也想和崔瑗較量一下，寫出了十二行的「座右銘」。

前幾天，我正和朋友為了一些光碟的事情鬧得不可開交，整個上午，我煩得只有在房裡來回踱步。我將眼光不停地在塵封已久的書架上掃瞄，企圖從中尋找一些心靈的慰藉。一本不起眼的書吸引了我的目光——「心靈雞湯」，這本書我已上架兩年了，但從來不曾去閱讀。我隨手翻了幾頁，有一篇名為「受難者信條」的文章吸引了我，其內容是這樣的：

我向上帝祈求財富，
但我卻一貧如洗，
因此學會了珍惜。
我向上帝祈求名利，
但我卻沒沒無聞，
因而學會了謙卑。
我向上帝祈求一切的一切，
但祂卻只賜我生命，
只讓我享受人生。
我的祈求都落空了，

卻得到了我所希望的，

我真是個受上帝眷顧的人。

有些同學更「酷」，老師說的那一套，他偏偏不給你「信道」，自己要自創一格，秀一秀自己懂得不少。請看：

銘，是一種訓誡文字，而將銘寫在座處旁，以用來警惕、策勵的，便是座右銘。座右銘在形式上可分成三種：一種為自題；另一種是筆錄經典名言或名人格言；還有一種則由別人題。我的座右銘滿特殊的，是看電視得來的，那便是「全心投入不一定成功；成功一定要全心投入」。（謝明謙）

座右銘可當一個人終身奉行的準則，也是一種人生的目標，它約束、並提醒個人的言行，以求達到完美。舉凡古今中外每位歷史名人，都有一套自己的座右銘。例如：培根——知識就是力量；鄭板橋——難得糊塗；愛迪生——成功是靠百分之一的天分，加上百分之九十九的努力等。每個人從自己的經驗和生活中，都可以悟出一道哲理，作為自己的座右銘。（謝易安）

易安同學雖然在第一段裡看不到她的座右銘是什麼，但是可以想像得出：當介紹完了古今中外歷史名人的座右銘之後，必然的便要介紹自己的座右銘了。

「靜」是我的座右銘。在這繁忙的都會生活裡，有五花八門人事物，市聲鼎沸的淫穢和狂妄，也有多而不可求的慾望，穿梭在大大小小的悶燒鍋中，情緒如海浪一樣浮沈不定，一旦觸礁，就一發不可收拾，於是雜七雜八的社會案件就分屍在海灘上了。

介紹完了自己的座右銘之後，接著該談一談為什麼會有這樣的座右銘，有了座右銘之後，內心有哪些改變？生活上多了座右銘之後，日子過得有哪些不同的感受？……這一連串的互動關係，相信一定有動人的描繪。

古人曾說：「不經一番寒徹骨，焉得梅花撲鼻香。」又說：「沒有礁石，那能激起美麗的浪花。」的確，放眼古今中外，哪位偉人不是歷經苦難，遭遇挫折，才從困境中脫穎而出，永留千古？就像　國父的艱苦革命，終於建立中華民國一樣。也因為如此，每當我遇到瓶頸時，總會想起這句座右銘、這些偉人，讓我拋開困頓，重新勇往直前。

（李悅嫥）

每天晚上睡覺前，都會打開收音機，聽幾首音樂才能入睡。尤其是考試的前一晚，至少要聽半個小時，讓自己放鬆、平靜下來！最重要的是，自從我有了這個座右銘，人也比較不易發飆了。因為每當我感到難過時，聽聽音樂就會平復下來，甚至會安詳到睡著了！

（楊先雯）

看完了這則信條後，我心裡平靜多了。是啊！我們生下來就是為了享受生命和人生，為什麼要為了一點小事情和自己過不去呢？更何況我們還有愛我們的親人、師長和同學，我們並不是一無所有啊！

（蘇裕隆）

自從看到了這句話後，便常常在我失意時浮現在腦海裡。是啊！失敗了不算什麼，只要全心投入過，那點挫敗又算得了什麼！失敗了可以重新來過，比上次更努力，比上次更認真，比上次全心全意地投入，相信總有一天，幸運之神眷顧我時，我的努力與心血，將會得到與其成正比的回饋。

（謝明謙）

除了初次接觸座右銘而產生許多感人的互動關係之外，日子久了，想必會有更深一層的體驗，可歌可泣的故事發生，這一段歷程無疑是「座右銘」的精彩片段。

升上國二知道如何讀書後，在一天當中，除了吃飯、睡覺外，便是讀書了。睡覺的時間也由過去十點多變到十二點多了，這時我才真正體驗到讀書有多辛苦。每當到了半夜，常常自己躲在被窩裡偷偷哭泣時，這句座右銘便浮上了心頭，在我的心中鼓勵著、打氣著。這就是到了白天時，我能擦乾眼淚，繼續往前邁進的動力。（李悅婷）

有時候在學校，遇到不開心的事，或是有人無聊惹我生氣時，我腦中的錄音機，又會開始播放我喜歡的歌曲，使我漸漸冷靜下來，不至於失去理智而大發雷霆。也許有時會控制不住，但是至少現在好了很好。自己單獨一人唱唱歌，便會令我覺得身心舒暢，好像有陣輕柔的春風，從我的面頰上拂過。啊！整個人像是被淨化了。（楊先雯）

記得國一升國二時，因為人際關係不太好，再加上學業不如理想，曾一度討厭上學。等到擁有這則座右銘後，我常反省自己──「人生不如意的事有十之八九，何必為小事如此傷心？」之後，凡遇到不如意的事，必會請出我的座右銘──不要向失敗屈服，只要你堅持到底，成功終歸屬於你的。因此，現在的人際、學業都有長足的進展。（李苔甄）

束。

座右銘的精彩片段寫完後，緊接著該是寫啓示和感想，作爲本文如豹尾似的有力結

我實在感謝上天，感謝說出這句話的人，因為這句話，將可使那些不計其數像我一樣有過失敗經驗的人，體會到全心投入才是我們要堅持的，而成功只是那過程中所衍生出來的珍貴產品而已。（謝明謙）

有了音樂，使我充滿了更多希望；有了音樂，使我整個人變得更溫和；有了音樂，使我減少了淚水和氣憤的次數，相對地增加了不少燦爛的笑容。所以我現在也覺得媽媽說得對，多聽音樂不只可消磨時間，更可改變一個人的氣質。啊！就讓音樂永遠陶冶我的心靈吧！（楊先雯）

現在我已在班上名列前茅了，雖不是頂尖，但也算不錯了。感謝我的同學送我這句座右銘，在我失意時，能適時地拉我一把。今天，我將面臨更艱難的升學壓力，也希望這句座右銘能再繼續扶持我、激勵我，讓我往後的路程更順利。（李悅婷）

為什麼不靜一靜？把烈火冷卻，讓它緩緩地溫熱我的心，來體會周圍的人事物，思考大自然的奧祕和神奇？從靜中尋求感性人生，從人生中找尋自己。靜，可以欣賞人生，不做血腥暴力，可以讓我們專心追求理想，是成功的動力。靜，使我擺脫俗務，淨化塵心，省身悟道，更了解自己。（謝易安）

以上的作文引導方式，我和絕大部分的同學，一直認爲這是理所當然的作文康莊大道。大家寫作起來，不但覺得行雲流水，而且寫來也四平八穩、舒暢無比，所以才有如此豐碩精彩的成果報導。

可是，在我兩班近八十名的國文班級中，唯獨有一位丁天欣同學，在作文路上卻是鶴立雞羣、千山獨行的人物。她幾乎完全推翻了我的作文引導和啓發方式，也背離了一般人「想當然耳」的想法，獨樹一格地寫下了她的「我的座右銘」，給了我不小的「震撼」，也帶給我不少創意空間。

天欣書看得多，人又聰穎，加上多思善感，自信十足，因此有點兒孤芳自賞，而遭同學妒忌。但其國語文的各項能力，却是常有「驚人」之處，像這次的作文路上，她捨棄康莊大道，選擇了千山我獨行的創意路。

我的座右銘

丁天欣

「君子恥於其言而過於其行。」這句話重重地打了我一巴掌。

不久前，我還常常在朋友面前高談闊論，述說自己的志願是要怎樣的豐功偉業，自己的理想是如何的不平凡——像鶴立雞羣似的！大言不慚的神氣，孤芳自賞的豪壯，麻痺了我內心深處的空虛與恐懼。

漸漸的，我發覺，有刺耳的交頭接耳在我身後的影子裡。不屑的嘴角一揚，自認「高處就得勝寒」的自傲，仍然無法抵撐茫茫然的失落。捫心自問，我做錯了什麼？「孤僻」，是我的代名詞；與班上同學的互相輕視，更加深了彼此的鴻溝。我在反省！我在自責。

像一把鋒利的刀，猛然插入胸口，快使我窒息的悔恨，如排山倒海湧來……

「恥、恥、恥！」君子是對自己尚未做到的事說出口，而引爲莫大的恥辱；而無知的我竟然引以爲傲。過去的一幕幕不停地在眼前重複，我真的不該、不該、不該造成他人口中「噁心」、「自大」的笑話。

「君子恥於其言而過於其行。」我永遠也忘不了。

動腦與回饋

一、什麼是座右銘？其作用是什麼？是怎樣得到的？

二、你的座右銘是什麼？可否也來一篇「我的座右銘」？

題目：

教改路上用心走的創意作文

國三學生參加全國基本學力測驗的心聲

全國第一屆第一次的基本學力測驗，已經在九〇年的三月三十日、四月一日兩天舉行完畢。這種「盤古開天地」——破天荒的大政策，對今年國三生來說，眞是「大姑娘上花轎」——前無古人的頭一遭，三年來的國中生活，相信必定是「心中的小鹿亂撞」。尤其是臨考的這段日子，其壓力和煎熬，更是局外人無法想像的。

三十萬國三生參與的基本學力測驗，其規模之大、人數之多，是歷年來所罕見的。因爲這是第一次全國性的會考，一定有上百萬的國人在關心這件大事。爲了讓廣大的民衆和將來要參與基本學力測驗的國中生，能更進一步了解今年國三生教戰經驗，特地請我班上以及各班對基測較有心得的同學，一起以「參加全國基本學力測驗」爲題，來現身說法，並抒發自己個人的心得和感受。

首先，我請同學談談面對基本學力測驗的印象或觀感，有許多同學是這麼說的：

不知道是幸還是不幸，碰上了有史以來最大型的聯考。三十萬人參加的基本學力測驗，不知道是好還是壞，在教育部力求創新，講求多元入學，重視能力培養的情況下，所學必須加多，涉獵必須加廣；不知道是福還是禍，沒有考古題也沒有學長姊的經驗可以參考，倒是有一大堆號稱仿真的參考書和模擬試題向我們頻招手，增加我們的熟練度。這些似乎與教育部的意旨相違，但三十萬人殘酷的競爭，迫使我們這一羣「白老鼠」必須走上天天跑補習班、天天埋在考試卷裡的生活，真是徬徨、無奈、怕怕。

（陳怡全）

自從我就讀國一不久後，就一直不停地聽到師長和學長們談論著從我們這屆開始，已不必參加往常的聯考，改成如今的基本學力測驗，甚至於有人還很羨慕我們——可以不必再受聯考的煎熬了。當初我也是覺得自己很幸運，但是如今卻不這麼想了。

（曾文儀）

天啊！剛開始誰知道「基測」是啥麼「碗糕」？我們簡直是一羣「白老鼠」等著被實驗，一向不知天高地厚的我，簡直是世界末日。以前人家聯考，只要考前幾個月，或三年級時拚一下就行了，而我們卻要在一年級時，就要維持一定的好成績，以便日後推甄、申請時才有資格。但是「基測」這個字眼，不只我們做學生的不懂，連老師、家長也都不太明白，學校更是不知所措。

（卜麗茹）

今年國三生是怎麼準備基本學力測驗的呢？相信這是大家最期盼知道的事。譚仔絢的經驗最具代表性：

為了這次的考試，從去年暑假開始，全國國三生無不為此努力、憂心、煩惱，甚至於在除夕夜、大過年，每間補習班幾乎都全年無休地為考生們補習、考試。而我為了爭取好成績，幾乎每天都超過十二點才睡；為了考好試，我做了一本又一本的參考書；為了考好試，我每天至少要考四份以上的考卷。哇！我真的好累喔！為什麼我一點兒都感受不到教改真正的目的——快樂學習、健康成長呢？

俗語說：「臨陣磨槍，不快也光。」考前的衝刺，這是每一位考生的「最愛」。談起這些往事，每位國三生都是津津樂道，滿肚子苦水。

考前的日子是我永遠也忘不了的時光，單單就「酸、甜、苦、辣」還不足以形容。每天一回到家，就匆匆忙忙地趕快去洗澡，然後再拎了個便當衝到補習班，接著在老師把知識灌頂給我們完後，又急急忙忙回家準備功課和明天的考試。每天似乎都過著同樣的生活，踩著同樣的節拍。晚上，是大家休息的時刻，可以聽到家人的討論聲或笑聲，但我卻必須和書本搏鬥，無福參與大家的「歡樂時光」；夜深人靜時，大家都睡了，滿屋子的寂靜，聽不見一絲聲音，只有我在翻書時，偶爾發出「沙沙」的微響，內心的孤寂難以形容。還好，這時媽媽的愛心雞湯出現了，適時化解了我的疲倦，使我又再度精力充沛，繼續埋首在書堆中……一覺起來，已是六點多了，拖著疲倦的身子緩慢地開始動作，於是……我便每天都在遲到的邊緣，唉……！又是難熬的另一天開始！

（陳怡全）

每一個人一生中，必經過無數次的考試，考試前的晚上，心情起伏變化，大家可以想像。可是，對一個不滿十五歲的少男少女來說，面對人生第一個重大考驗，何況戰場上的敵人究竟長成怎麼樣，心中一點譜都沒有時，其緊張萬分可想而知。這種心情故事，王若凡同學寫來最傳神：

到了會考前一天晚上，在爺爺靈前拜過之後，不知怎麼的就一點都不緊張了。那時，還想瀟灑地揮揮衣袖，把命運託付給上天算了。第二天早上一起牀，又開始緊張起來，心情始終定不下來，好像每個地方都沒讀熟，偏偏又不知道要從哪裡讀起。心中覺得整個人是飄浮的，蕩呀蕩的，不曉得心都飄到哪兒去了？一下子想學詩人看天看太陽，想它們還是一樣又高又亮，和很多個早上一樣。而明天、後天我再看太陽，會有著和今天不同的心情吧！……一下子又想拉著朋友們拿著礦泉水乾杯、發誓，約定了又約定，考試的壓力把我們聚集成共患難的好夥伴……我總想：這是考試的唯一好處了。

（王若凡）

「醜媳婦總得見公婆」；相同地，「巧考生總得進考場廝殺」。考場裡的應試心情，接著來的後生晚輩相信很想了解一、二吧?!

「噹！噹……噹！」惡魔鐘聲終於響起，大夥們陸陸續續進場。等監考人員說明完後，「考生請作答！」此句話一響，大家便開始動手了。我寫！我寫！我寫！太感動了，出題老師，你們真是我的救世主，我的上帝，我的耶穌，我的釋迦牟尼，我的……太好了，幸好沒有死背的題目，因為我都沒有背，謝謝出題老師啊！我就這樣一路寫下去，完全忘了潛藏的危機。什麼危機呢？就是「粗心大意」。等到全部考完，回到家，一攤開晚報，一陣雷聲在我腦中響起，不會吧！我怎麼會錯這種爛題目，一題、二題、三題、四題……二十三題，二十四題，我竟然錯到二十四題，我真想撞豆腐死了算了。啊！鬱卒啊！

（林文琳）

「前車之鑑，後事之師。」這次「基測」的成功與否，端賴試題是否出得漂亮。因爲試題可以領導教學，可以影響政策的推展。若想知道試題是否出得漂亮，最好的辦法就是請應考者自己來現身說法。

三月三十一日，首日的考試登場，有國、自、英等三科，由於並沒有確切的題目形態作參考，只能以「瞎子摸象」的心態來猜題、應考，大家的心情都是七上八下的。等到國文科一過，相信各個有實力的考生，應可以鬆一口氣了吧！是的，很簡單，我想這也是大家所期盼的。

就單舉國文來說罷，設計的題目是不錯的，很好、很切中教改的精神、要旨，但是，若以程度較高的考生來看，就較值得斟酌了。這次「基測」也只能說：「對了精神，錯了方向。」

（林羣賀）

林羣賀同學的分析及批評，我覺得只能代表他個人及少數程度較高同學的意見，對廣大國三生來說，也許並不見得持平、中肯，倒是可以作爲學者專家出題時的參考。反而陳怡全同學面對「基測」的觀點和態度，很值得大家借鏡。

其實，基本學力測驗遠不如我想像中的難，它重視的是基本觀念的靈活運用及融會貫通，並不需要拚命地死記死背，但我認為最重要的，是要能敞開自己的心胸去面對它，不要一味排斥。從古到今，都是靠著考試才能選出人才，不管社會如何變、制度怎麼改，最後都還是必須經過考試才能過關。也可以這樣說，考試就是人生的試金石，每個人都必須經過考試所賦予的緊張和擔心，才會慢慢成熟，也才會具備有冷靜思考、靈機應變的能力。一個人如果不歷經這種大型考試的磨鍊，以後長大了出社會，會有更多的衝擊和挑戰，等著你去應變，所以現在就有機會接受挑戰，未嘗不是件好事呢！

考試結束後，考生最想知道的，當然是考試成績了。因此此次首先採用「量尺計分法」，而衍生出許多困惑，造成了不小震盪，請看：

四月十日，一拿到成績單，不會吧！怎麼這麼低分哪！英語一題六分，有沒有搞錯，我錯在最簡單的地方，第八題吔！不是說愈難的扣愈多分？為什麼同樣錯一題，有一人錯在最前面的題目，另一人錯在最後面的題目，為什麼扣的分數都一樣——六分？還有量尺計分到底怎樣算，為什麼國文全錯和對九題的人都是同樣分數——一分？總該有人出來為我們解釋一下我的疑問吧！（林文琳）

當公布答案時，我一題一題細心對照，總覺得分數不至於太差。但結果不是我們想的一樣，原因就出在量尺計分法。量尺計分起先我們都以為較難的題目分數給得多，結果是只錯一題扣很多分數，愈到最後每題的扣分愈少，這是哪一國的計分法？所以奉勸各位考生：要嘛就集中錯在一個科目上，不然就全考滿分，這樣分數才會較吃香。因此我希望教育部能把量尺計分改成難易配分，這樣對考生才較公平。（卜麗茹）

聽說班上功課好的賴同學錯的比功課差的王同學少，但分數卻比他低很多。這真是太奇怪了，不知道量尺是怎麼算的？還聽說賴同學的爸爸因此氣到高血壓送醫急救。隔天她到校時，眼睛腫腫的，一定是在家哭得很淒慘。

（黃紫茵）

成績單拿到手了，開始著手要申請學校了，可是要怎麼申請呢？百分比PY值的作用是什麼？不公布分數組距憑什麼去選擇學校？第二次「基測」在六月十日，中間有第二次段考，與基測無關的新課程是否要上？一連串的疑問、恐慌，困擾著萬千學子。

基測後，許多人又為了所謂的百分比PY值，而爭得面紅耳赤。有些人責怪為何不公布組距，以便利申請學校時的依據，以免造成遺珠之憾，或太高估自己，以致申請時錯失了學校。但也有些人為了不使學生產生挫折感，並廢除明星學校光環，認為不公布組距是對的。看來這件事又有得爭了。

（陳毓屏）

學生考完試要申請學校是個大問題。教育部說不公布各考區的組距，但要憑什麼數字為依據去申請學校呢？如果到處申請，不但勞民，也是傷財。現在經濟不景氣是沒錯，但政府用這種方式來賺錢，是不是有點過分？還有些有把握能申請到學校的同學，往後學校要如何安頓他們，才不至於影響其他仍繼續奮戰的同學呢？而且基測不考的部分學校還是要上，段考要考，重考生又要怎樣兼顧呢？唉！教改工作千頭萬緒，不是那麼簡單，教育當局醒醒吧！加加油喔！

（徐翊甄）

第一次實施基本學力測驗，難免設想不夠周全，許多預想不到的問題會接踵而至，造成了考生的諸多不便和困擾，所以有好多同學紛紛提出建言，盼主事者能加以改善：

考完試之後，我深深懷疑：光是考選擇題能測出學生程度嗎？國文不考作文，學生的語文表達能力、文章賞析造詣，絕對測不出來；英文傳統的中翻英、英翻中、英文造句……等被取消，難道是出一些選擇題就可取代？數學的證明題將走入歷史，三角形的全等性質學生都會嗎？只考選擇題，學生不會就用猜的，做學問一點都不踏實，到頭來大家寫錯別字的機率一定更多……這些問題教育當局是否應該拿出解決的對策，否則學生的程度，不但不能向上提升，還會向下沈淪。

（藍子閔）

現在考完了，成績單也出爐了。國文、數學最差，我個人認為這次的題目呈現方式欠妥，像是數學，題目敘述不夠簡明，廢話多得不得了。語文程度差的我，吃虧可就大了，害我必須一個字一個字地慢慢推敲，浪費了不少時間，等我弄懂題意，時間已經所剩無幾，害我沒寫完。唉！出題的叔叔、阿姨們，請你們行行好，出題時只要簡明扼要寫清楚題意就OK了。謝謝你們！拜託你們。
（李泓道）

依我個人的想法：政府當局最好的政策，就是像國中一樣，廣設足夠的高中，用學區制分發入學，破除明星學校的迷思，人人有高中可讀，眾多莘莘學子也就不用每天趕場補習、日夜苦讀，做個健康、快樂的學生，這樣的人生不是非常美好嗎？
（黃紫茵）

前面談了這麼多話以後，最後我請同學們以「前無古人，將來逐年會有來者」的獨一無二的「過來人」立場，抒發一些值得向教育當局或學弟、學妹們提出呼籲的心聲，促使教改工程——高中多元入學政策更臻完美。

其實，問我們考試有沒有壓力？會不會緊張？都是白問的；有考試就有壓力，有壓力難免會緊張。這一次考試考不好的同學，有了這次經驗，諒必更能克服第二次了。題目並不難，只有勤讀、勤思考，這才是考生應有的作法，而不是亂罵教育部，批評東、批評西，只要多配合一點，這次的教改——基本學力測驗，才會畫下完美的句點。
（林韋賀）

唉！這一次的教改不但沒有讓學生減輕壓力，反而剝奪了學生大部分的時間，就連週休二日，我們依然要在眾人皆睡我獨醒中，一個人默默努力。眼看基測的時間愈來愈近了，而同學們卻是一個個倒下去，請問教育部所有官員們，你們真的有替我們著想嗎？

（譚伃絢）

參加全國三十萬人的基本學力測驗，面對如此大型的考試，難免會有壓力，但壓力是否少於以往的聯考，我也不知道，因為我沒有經過聯考的洗禮，不過只要保持平常心去應戰，應該都沒什麼問題。當然先決條件是平常要努力用功，保持一定的水準，一分努力一分收穫，你付出了多少，就會得到多少，這幾乎已是恆久不變的道理。我相信只要大家保持著這個信念，將來不僅在高中、在大學或是在社會上，都會有豐美的收穫，擁有一個璀璨的人生。

（陳怡全）

（本文發表於「國文天地」193期90、6）

動腦與回饋

一、到目前為止，你對基本學力測驗懂得多少？其眞正的目的是什麼？

二、國中生對「基測」應該具備什麼觀念？應該如何面對？

三、從「過來人」經驗談中，你知道「基測」有哪些負面的問題存在？請問：你有什麼對策改善它？

四、綜合本文以上各家的說法，你可否也來寫一篇有關「基本學力測驗」的作文？題目、字數不拘

題目：

貳、新詩教案

週三進修的新詩研習

創作出「最美的容顏」

從國小轉到國中教書以後，最讓我懷念的要算是週三下午的康樂活動和進修研習。三十年前，那時候還不很流行在職進修，所以除了學校特別安排的研習課程外，幾乎都舉辦全校教職員工的康樂活動。活動結束後，學校都會準備些綠豆湯、小點心、水果等，讓大夥兒一起邊聊天邊享用，眞可以說是快樂的「小週末」的。

可是進入國中任教後，週一到週五都排滿了課程，所以週三的「小週末」只能「成追憶」了。內人在國小服務，看她每週三下午很高興地跟著「週三進修」成長，內心實在有說不出的羨慕。

這學期（八十八年）開學不久，忽然接到去年一起隨團赴日參訪、現服務於台中市教育局的陳桂芬老師的電話，她有意邀請我去擔任週三下午中小學教師語文研習會講座，主講「如何提升學生文字表達能力」的課程。因爲最近出了一本類似此課程的書，加上對「週三進修」的好感，便欣然答應下來。

八十八年四月二十一日下午的研習會，共有一百名老師參加，其中有十四名是國中老師，其餘都是國小老師。離開國小的教育崗位已經三十年了，第一次面對這麼多的國小老師，起初內心有點兒惶恐，擔心我講授的內容，會和當今的國小教育有所脫節。所幸三十年來，沒離開過國小作文才藝班的指導，所以很快地便和他們打成一片。

新詩教學在國小是指導學生寫兒童詩，到了國中漸漸發展到少年詩，兩者之間並沒有很明顯的區隔，有時候可以同時融合在一首詩裡。例如忠孝國小賴淑媛老師的「橡皮擦」：

橡皮擦是個怪物；
它可以擦掉我寫錯的字
它可以擦掉我畫錯的畫，
它可以抹去紙上所有的污點，
可是卻擦不掉我已犯下的過錯。

這首詩前四行寫出了兒童的想法，含有兒童味很濃的筆調，可是誰又能否認它也有少年的口吻，尤其是最末句的聯想，已由兒童的想法提升到少年郎的思維。因此，我告訴與會的老師們，今天我要進行的「新詩教寫」，每一項準備入詩的題材，都先由最「逗趣」的兒童想法切入，再慢慢導入少年仔的妙想，最後才藉由老師們的構思、筆觸，創造出一首首老少咸宜的好詩，供大家一起來欣賞觀摩。像忠明國小羅琪老師的「笨弟弟」，就有這種味道：

弟弟好笨哦！
看到蘋果說「拜拜」，
看到腳丫講「臭臭」，
看到蚊子喊「打打」，
統統都說錯。
媽媽卻誇獎他說：
「真是我的天才寶寶啊！」
哼！偏心加噁心!!

據我調查了解，在一百位與會的老師中，平常教學時，會教學生寫詩的不多，自己平日會關心新詩、寫詩的更少。當我告訴他們：請他們把每個人的「詩心」，暫時託付給我，讓我引領他們去欣賞詩，去怎麼樣教學生寫詩，進而在這過程中，自己要激發潛能創作至少兩首新詩時，他們顯得很興奮、很驚訝，也帶有點兒懷疑。大德國中鄭瑪莉老師在「研習心得報告」上寫說：「我在學校教英文，從不知道怎樣寫詩，是抱著終身學習的心理來參加，寫詩是平生第一次『開洋葷』，實在獲益良多，謝謝林老師賜我另一種『新的興奮』，我會更加努力的。」

上石國小陳富美老師的興奮，更可以從她的詩作「詩心飛了」中，讓人情不自禁地想跟她一起分享：

飛了！飛了！
窗外的小鳥鬥完嘴，
就飛了！
飛了！飛了！
窗內大夥兒的心，
個個展開詩的翅膀，
也飛了！
飛了！飛了！

大家都飛向詩的王國，
逍遙去了。

這次我仍然沿用攜帶方便、演示起來唱作俱佳、最具童詩味的「蛋」詩，作爲「教寫」的開胃詩，並利用蘋果的紅色，開導老師們作各種不同的聯想，結果引來了不少妙詩：

蛋　文昌國小　**謝秀春**

嘿！你在看我嗎？
請再靠近一點，
我就是不用SK－Ⅱ，
也能晶瑩剔透的蛋姑娘喲！

蘋果　樂業國小　**蕭雅芬**

小明看到我就跑；

愈跑氣愈喘，
愈跑臉愈紅。
喔！喔！
他一定是偷吃了我——
袋子裡的蘋果。

晚霞

文山國小　曾惠君

太陽爸爸偷喝酒，
整天大臉紅通通。
看見月亮媽媽回來了，
便急急忙忙躲起來，
不小心弄翻了葡萄酒，
把天空都染紅了。

接著，我利用學校事先準備好的兩籃嬌豔欲滴的水果，來一次水果詩的大餐。有位老師在「研習抒懷」中有這麼一段話：「講桌上的兩籃水果，令人垂涎三尺，伴著茉莉清香，甜美悅耳的音樂，叫人精神爲之一振。各種水果再經過林老師那大膽魔術似的手式挑逗，每個人似乎如癡如醉，詩興頓時爲之大發。」何厝國小黃雅惠老師更用詩來表達出自己對水果的一往情深。

水果拼盤

立人國小　陳櫻花

媽媽笑著說：
如果——
檸檬是翠玉，
香蕉是琥珀，
草莓是紅寶石，
葡萄是紫水晶，
那該有多好！
弟弟聽了急得哭著說：

不行，不行！
這樣我可一樣都吃不到了。

香蕉

立人國小　陳櫻花

彎彎的，像高掛夜空的月亮；
黃黃的，像燦爛耀眼的朝霞；
香香的，像媽媽身上甜潤的芬芳。
妹妹看見了，
笑彎了嘴角，
啊！臉上竟然也長出了
一條可愛的小香蕉。

木瓜

軍功國小　梁寶苓

木瓜一定是喝多了波霸奶茶，

有一肚子來不及消化的珍珠；
還是做了青蛙的代理孕母，
一口氣植入滿腹的蛙卵寶寶？

鳳梨

春安國小　蔡麗芬

鳳梨像印地安的武士，
雄壯威武地直立著；
他那堅固的盔甲裡，
卻深藏著一顆
甜蜜又堅毅的心。

仙桃

中正國小　童豔霜

好久好久以前，
孫悟空偷吃了它，

不等王母娘娘大發雷霆，
他就「先逃」了。
現在——
我偷吃了準備拜拜的它，
不等媽媽大發脾氣，
我也「先逃」了。

梨

建仁國小　林翠紋

親親我的愛：
我的電視可以分你看，
　薪水可以分你用，
　被子可以分你蓋，
就是捨不得和你「分梨」。

上台中前幾天，朋友送了兩顆仙桃給我，這是我平生第一次好好地認識它、擁有它。內人看我好奇，特地剝了一粒讓我嘗嘗。嗯！肉質粉鬆得像煮熟的蛋黃，但比蛋黃香甜。小時候如果不愛吃東西時，大人常罵小孩說：「這個不吃，那個不吃，難道要吃『仙桃』不成？」因此，從小我對仙桃一直都有遐思和好感。所以這次上台中，我特地帶了一粒作爲詩材，並把這番心情細訴給老師們分享，因而造就了不少詩篇。童老師的詩比較特別，利用「先逃」的諧音寫成了「仙桃」；同樣的，林老師也利用「梨」和「離」的諧音，吐露出她深愛著她的愛人，什麼都可以爲所愛的人犧牲奉獻，就是不願和愛人分「梨」（離），更影射出梨的好吃，和在她心目中的分量，眞是一語雙關。其他還有一大疊的好水果詩，只是限於篇幅，再選錄幾首，與您分享：

哈密瓜

大同國小　陳季祝

密密的網，
可否網住你的心？
甜甜的滋味，
可否留住你的情？
可愛的你——

可懂得我綿密的心，
細緻的情？

檸檬

上石國小 陳富美

青澀的少年輕狂，
不理會世事風霜；
咬一口，
酸澀難當。
待年老色黃，
不再風光狂傲，
卻有芳香暗藏。

土芒果

文心國小 陳香如

綠色的外衣，

比不上進口的——
有著一襲誘人的嫣紅；
淡淡的土味，
比不上改良的——
有著一身引人遐思的野香。
它總是默默的地孕育著——
少而獨特的台灣風味，
令懂得品味的人，
一醉再醉。

苦瓜

文山國小　**曾惠君**

一直摸不透你的心，
以爲你難以親近；
直到有天和你談心，
才知道原來你的心事這麼多，

多得令我為你喊苦。

椰子

北新國中　曾久芳

你高高在上，
是否藏得住對紅塵的渴望？
你堅硬如石，
內心是否仍懷有柔情似水的蕩漾？

百香果

中華國小　黃靖桂

雖然我很醜；
乾癟的外表下，
卻有最迷人的香甜。
懂我心的人，
必會點滴溫柔在心頭。

橘子

北新國中　施淑茹

撥開來的
是媽媽圓圓滿滿的心；
不愛吃水果的我，
嚥下了一瓣清香。
滿載媽媽擔心的船，
才找到安心的港灣。

奇異果

大同國小　邱麗霞

阿婆疑惑著：
這是什麼水果？
長了一身毛，
洗也洗不掉，

怎麼個吃法？
折騰了老半天，
阿婆笑著說：
真是個「奇異」果！

西瓜

協和國小　黃素英

圓圓的西瓜，
像綠色的保齡球；
寶寶來了推呀推，
喔！是個超級不倒翁！
奶奶走來摸了摸，
吊起來打打屁股說：
嗯！不錯！不錯！

葡萄

成功國小　周潤鑫

有一點酸
有一點甜
青澀時的憂鬱
受不了時間的煎熬
擋不住長輩的開導
終於蛻成了
成熟的紫紅

兩籃的水果，一個個先後跳進了新詩的國度，遨遊逍遙，爲人間留下了些美麗的詩篇。

站在籃邊的一串茉莉，不甘寂寞地豎起白旗，向老師們抗議：

茉莉花

東峯國中　陳麗珠

一籃子的水果美味；
艷的有蘋果，
妖的是仙姚，
又有那囂張的鳳梨。
可是我呢？我在哪裡？
唉……輕輕地嘆口氣。
忽然在遠方角落，
傳來興奮的讚嘆——
哇！我聞到夏日最美的花香。

水果詩的大餐，大家享用得差不多之後，我請老師們多留意一下眼前的、周遭的東西。看看它們的造形、想想它們的功能、品味一下它們的特質，以及和人類互動之後，可能在內心會產生或湧動的情意，然後緊抓住這些意象所聯想出來的心思脈絡，以含蓄的筆觸，象徵性的寫法，加上一些轉折和聯想，再經過一番潤飾，相信一首出乎你意料之外的妙詩，便會呈現你的面前。

譬如你手上的筆、戒指、茶杯、桌上的茶壺、修正液，以及咖啡、板擦、椅子、鞋子、窗簾等等，一樣樣都可以入詩，只要你有强烈的意願，加上用「心」去觀察、透視、冥想、捕捉，相信皇天不會辜負有心人的。爲了帶動他們的詩興，湧動他們的詩情，我還以感性、聳動的口語，朗誦幾首類似的詩題之關鍵詩句，以增强他們的詩感。沒想到只念了幾首，便發現他們個個抿緊嘴，在振筆急書了。

戒指

信義國小　**張夜蘭**

黃金的會變形
K金的不值錢
鍍金的不合宜
還是把真心交給你

茶杯

松竹國小　張嘉倫

我有一個大肚量，
容得下你的冷嘲熱諷；
但別貪心、慢慢來，
免得我急出眼淚來！

咖啡

文山國小　洪碧香

如果當年
宰予擁有我
孔子可以繼續
他的沈悶教學
如果當年

睡美人認識我
也不用勉强下嫁
小她一世紀的男人

老人與茶壺

信義國小　林碧芬

你總是滿肚子熱情，
你總是將片片的芳香，
滋潤那張張飢渴的嘴。
你總是說：
好東西本來要和好朋友分享。
每次我都感動地認爲：
人要像你肚大能容、謙虛爲懷。

立可白

何厝國小　黃雅惠

怕人發現錯誤，
趕忙掩蓋。
在一陣手忙腳亂的粉飾之後，
卻發現換來的是——
一片更刺眼的白。

椅子

五權國中　林燕欣

累了，
你走向我，
我默默承受，
走了，

你不留下一片雲彩，
我只有一聲輕嘆！

板擦

黎明國中　黃建霖

最討厭不愛乾淨的老師，
總是拿我心愛的新衣裳，
用力擦去他隨意的塗鴉；
我很生氣地向他抗議，
不識相的值日生卻拿起棍子，
甘願做老師的幫凶，
鞭打我的小屁股。

鞋子

漢口國中　莊佩綺

我高高在上，

襯托出來謙遜包容。
沒有你　我將滿是傷痕；
有了你　我跳躍輕盈、暢行無阻。
你是我人生路上的守護天使，
爲我抵擋了許多外來的攻擊。

窗簾舞春風

信義國小　黃淑芬

靜靜地我站在牆角，
是個害羞的小姑娘。
請莫撩撥我，
我可有滿腔的熱情；
當我跳起卡門的舞步，
會讓你不得不
拜倒在我的石榴裙下。

「別貪心、慢慢來／免得急出眼淚」的「茶杯」；可免除「宰予白天打瞌睡」、「睡美人一睡百年」的提神「咖啡」；常把好東西和好朋友分享的「茶壺」；一陣粉飾之後，發現一片白得更刺眼的「立可白」；常被打小屁股的「板擦」；以及會跳卡門舞步的「窗簾」等等……都是一首首發人深思的小詩，一行行令人遐思的妙句。

我始終認爲：教國中小學學生寫詩的老師，不一定是要名詩人，只要稍具「詩心」，又肯用心去激勵孩子的潛能，願意和孩子一起騎上「聯想」的野馬，在新詩的原野上馳騁的，都將是一位勝任愉快的新詩老師。所以，學過兒童文學的小學老師，只要你願意，人人都可以教兒童詩；學過現代文學的國中老師，只要你有心，個個都可以教少年詩。這席話，我常常和參加研習會的老師們共勉。

寫完了身邊的日常生活用品詩之後，該輪到老師們天馬行空、自由發揮、隨意圖騰的時間了。因爲第一次面對這麼多的小學老師，心裡實在暗藏了許多狐疑：我的引導他們適應嗎？這麼多第一次寫詩的老師，眞的可以揚起詩的漣漪？讓他們天馬行空，會不會落空了？……一連串的擔心，一直到手上收到一大疊的影印紙、近兩百首的詩作後，我才如釋重負，心情愉快地坐上王陳主任的轎車，直赴台中火車站。

我一向中午都有小睡的習慣，照理說累了一天，上了火車應該昏睡才對。可是這趟近三小時的車程，卻是精神奕奕，根本沒什麼睡意，原因無他，是因爲我一次又一次地好像發現了新大陸似的那麼興奮。不信？請看：

雲

文昌國小　謝秀香

雲像一位沒主見的女孩；
風哥哥一來，
她就如吉普賽女郎，
跟著他到處流浪。

雨天

中華國小　林文文

是哪個調度的孩子？
將墨汁潑在天的臉上，
惹得天整天哭不停。

香皂

文山國小　李淑民

香皂、香皂，
你好調皮！
爲什麼總愛在我手上、身上
溜滑梯？

都是媚登峯惹的禍

大智國小　彭淑芬

舅媽的肚子變大了，
表姊好高興哦！
因爲她快要當真正的姊姊了。
我也好想當姊姊啊！
可是媽媽卻只想當最佳女主角。

日記

中華國小 黃靖桂

難過時，
你陪我哭，
任淚水滴落你的胸前；
開心時，
你陪我跳躍，
舞出快樂的樂曲；
你的容顏，
隨時刻畫著——
我擁抱歲月的痕跡。

歲月

太平國小 彭慧珍

歲月是愛作怪的女巫；

將小女孩打扮成俏麗的少女，
讓小男孩變成魁梧的美少年，
與她戀愛。
又把他們的青春，
畫在五味雜陳的畫册上，
直到他們累了。
歲月就在他們的額頭上，
深深地刻下痕跡，
告訴他們：
這世上你曾來過。

風鈴

軍功國小　**梁寶苓**

是前世無緣的一對戀人；
今生我化作風，
你變成鈴。

當我倆偶爾相遇，
叮叮噹噹
是約定的密語——
再續前情。
世人不明，
只當是——
風作弄了癡情的鈴。

電話

宜寧中學　薛曉雯

這頭有我，那頭有你，
無形的線傳遞了彼此的喜怒哀樂。
說得多，花的也多；
說得口沫橫飛、心花怒放，
付得涕泗縱橫、淚眼婆娑。
嗯！這真是甜蜜的負荷啊！

這篇文稿接近尾聲時，剛好碰上今年的母親節，我願藉著春安國小蔡麗芬老師，因看到哈密瓜的外表，想到皺紋滿布的母親，所寫下的新詩——最美的容顏，來祝福普天下的母親，除了母親節快樂外，其他的三百六十四天，也天天健康快樂。

最美的容顏

春安國小　**蔡麗芬**

布滿皺紋的臉上，
交錯縱橫，
刻畫出歲月的痕跡。
數十年來，
爲誰忙啊！爲誰累？
母親，最最親愛的母親！
您那布滿皺紋的臉，
是世上最美的容顏。

一個從未寫詩或是很久沒碰詩的人，忽然有個機緣，經老師帶領，加上自己的腦力激盪，而創作出幾首自己認爲很不錯的詩篇時，那時所展現出來的驚喜表情，豈不是人生中「最美的容顏」。相信參加這次週三進修的老師們，大概都會有這種感受吧！

（本文發表於「國文天地」169期88、6）

動腦與回饋㊁

一、本文近四十首新詩中，你最喜歡哪幾首？爲什麼？它們之間有沒有共同性的特色？

二、每一首妙詩，多少都有幾句妙句，你能找出來嗎？找出來後劃上讚美的圈圈，再細細品味，必會讓你有會心的微笑，不妨試試看。

三、在欣賞當中，如果有不同的奇思妙想，可要立刻提筆寫下關鍵的詩句，然後再慢慢潤飾成詩，寫下來給同學、老師共賞，如果還想給更多人欣賞，那麼就勇敢地投稿發表吧！

題目：

暑假中的新詩研習

終於見到文曲星君的微笑

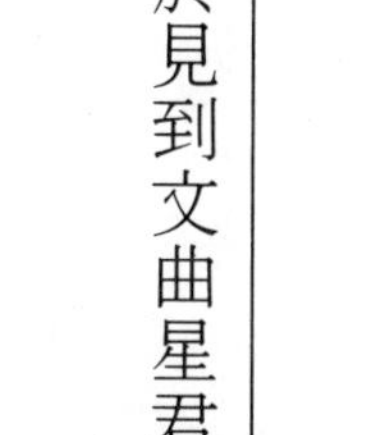

近年來，我應邀巡迴各縣市，在國文科教師教學研習會上，擔任「教學演示」講座中，印象給我最深刻的，要算是嘉義市玉山國中的那一場教學研習會會。因爲這是唯一在假期（七月七日）中舉行，一連上了五個小時，讓我可以暢所欲言，把各種作文的創意教學法及新詩的教和寫，淋漓盡致地施展出來，每一位參與研習的老師，幾乎個個滿心喜悅、收穫滿心懷。

北興國中張月華老師課後說：「早上玉山國中吳主任就先賣了個關子，說今天的研習方式不同以往，保證大家不虛此行。上了課之後，果然獲益匪淺。今天回家以後，八點檔電視劇不看了，因爲有更吸引我的『創意作文與新詩教寫』等著我約會哩！」

在「研習心得」上，北園國中陳豔青老師這樣寫著：

這是一次新鮮、奇特的饗宴，對於作文教學自認為經驗豐富的我，沒想到今天上過這次研習，才發現作文教學的「別有洞天」，竟然可以不必道貌岸然地承襲傳統的教學方式，而可以如此「離經叛道」，真是太精彩了。

這樣的神奇經驗，這樣特別的研習方式，這樣與眾不同的講師，讓我們收穫良多，獲益匪淺……往後必當精研林老師的新鮮點子，融入自己的作文教學當中。

希望往後的國文科研習，都能請到這麼有創意的講師，讓我們的國文科教學能更生動活潑，而不至於永遠給人「老古板」的印象。

其實，不僅僅創意作文教學法受到老師們的普遍肯定，新詩的教和寫更是受到與會老師們的青睞。在上午兩個小時的研習中，我利用投影片、各種應時水果、日常用品、圖片、板畫等，配合我的學生、上幾回老師們的雋永詩作，作爲詩例，帶領大家怎樣去教學生習作新詩，並在指導的過程中，我同時要求老師們自己也能夠從中觸發靈感，創作出兩首以上的新詩，否則我陪他們中午不達目的便不用午餐（用玩笑似的方式說的）。因此，大家就在既新鮮又緊張的氣氛下，完成了許許多多可愛、有味、逗趣、又令人遐想的小詩。例如，嘉華中學方秀蘭老師的「新詩研習」是這樣寫的：

女兒說：

媽媽好可憐，
放假還要去研習。
還好，還好！
課程是不一樣的——
新詩研習。
香香的水果大餐，
叫人垂涎欲滴。
誰又知道：
正在開心豐收滿足之餘……
台上的老師說：
詩作至少兩首，
心得還要回饋。
啊呀！天哪！
大晴天怎麼會有霹靂？

方老師的所謂「水果大餐」，不是我請他們吃水果，而是一場水果詩的饗宴而已。因爲在國文課本第二冊第四課，上完了余光中先生的「車過枋寮」後，課本規定每位同學必須以台灣出產的水果，至少創作一首水果詩。既然學生要習作新詩，那麼老師就有義務要指導學生寫新詩，要指導學生之前，老師本身先要學習寫水果詩，偏偏這方面是國中老師普遍欠缺的能力。所以，我請承辦的學校——玉山國中，課前幫我準備了一大簍各式各樣的水果，讓老師們來一場醍醐灌頂似的「看實物寫新詩」。

首先，我請出最有「詩感」的蘋果出場亮相，利用它的色澤、香氣、造型、典故等切入，成就了不少詩作。

蘋果

大業國中　**黃詹詹**

像嬰兒熟睡的小臉，
紅紅的、圓圓的，
可愛極了！
忍不住親了一下，
頓時香甜滿心懷。

蘋果

南興國中　李明英

圓圓的臉蛋，
黃黃的底彩，
撲上紅紅的胭脂。
哦！我發現——
她畫了一個少女的夢幻。

圓圓的臉蛋，
藏了兩個酒窩；
偷偷喝了XO，
醺醉在青春的年少，
不自知的輕狂。

醉蘋果

宏仁女中　陳湘苑

壁上的時針由雙而單，
要不要騎車出去找找？
尤其近來狗兒吠得極不尋常。
靜悄悄地，
門啓處——
探進一顆熟透的紅蘋果。
噢！又去赴果汁大餐了。

「親一下，香甜滿心懷」、「畫了一個少女的夢幻／醺醉的青春年少，不自知的輕狂」，實在把蘋果寫活了。尤其是陳老師深夜倚門而望的擔心、受怕的心情，藉由「蘋果」抒發出來，如果夜歸的人兒看到這首詩後，相信從此該會早歸了。

台灣的香蕉最出名，不但物美，價又廉，一年四季都吃得到。尤其是它的造型、香甜、顏色、肉質、命名等的特殊，描寫起來更是詩趣盎然。請看：

香蕉

嘉華中學　方秀蘭

鮮黃的衣服，
保護著 baby 的粉嫩皮膚。
香香的——
是媽媽身上的味道；
彎彎的——
是爺爺看到小孫女，
滿心漾開的微笑。

香蕉

玉山國中　莊佩禎

彎彎的香蕉像寶島，
生長在寶島的人像香蕉；
黃黃的皮膚裡，

有顆純白善良的慈濟心。

香蕉

輔仁中學　許株蓉

祭桌上，
擺了四果——香蕉、蘋果、梨子、水蜜桃。
母親換下了香蕉，
晚上又在祭桌上。

清晨，
母親躲在門後，
只見奶奶又放上香蕉。
點香說：
兒呀！你趕快來「招」我去啊！……

許老師的「香蕉」詩裡，一定藏有大家很想知道的故事，可惜她詩後沒加上註腳，無從得知。研讀再三，終於讓我悟出「招」和「蕉」是台語的諧音。於是我大膽地在「招」字上加個引號，讀者欣賞起來，感受必然更強烈。除了以上三首外，興華中學羅采芸老師的「香蕉」，也實在不忍心割愛：

他們說：
我是一彎新月；
也有人說：
我是一抹淺淺的微笑；
更有人諷刺我——
是ABC。
不管怎麼說，
我就是我——道地的台灣好兒郎。

台灣的水果中，外型最酷，名字取得最吉利的要算是鳳梨了。就因爲這種不尋常，所以造就了許多不尋常的詩作：

鳳梨

宏仁女中　陳秀勤

胎毛不馴　亂長
一如龐克小子
由幼嫩到挺拔
青春年華
就如山丘傲岸
在你臉上
在你頭上
在你身上
在你永不屈服的心上

鳳梨

興華中學　方秋燕

挾帶著前世的怨憾
今世的你　依然
怒髮衝冠
一身武裝
小心翼翼地僞裝著
深怕滿存善念的甘美內涵
一入人口
卻成了沁入人心的酸

鳳梨

北興國中　黃英虹

頂著龐克頭，
滿身的「刺」青。

不羈的你，
誰知包裹了多少
酸酸甜甜的
青春？
還取了最吉利的名字——
旺來。

談起楊貴妃，就會聯想到晶瑩剔透、圓滑甜美的荔枝。因此，當我抓起一串串又紅又圓的荔枝晃一晃時，每個人的眼珠子瞪得要和荔枝比大，嘴角的口水也幾乎流了下來。不用我多吹噓，可愛的老師們，大多數已經在動筆了。

荔枝

大業國中　**黃詹詹**

脫下紅色的外衣，
一粒粒滑入口中；
酸酸的、甜甜的，

那滋味就像少女的初戀。

荔枝

興華中學　羅采芸

撥開微綃的紫絳衣，
露出　華清池；
晶瑩的出浴圖，
終於回眸一笑。
膚滑如凝脂的妳——
　緩緩展現
那百媚的滋味。

荔枝

粗俗的外表，
是我美麗的僞裝；

無言的沈默，
是我真誠的期待。
唯有將我
　整個撕裂，
才能得到我的真心。

在大家正陶醉於「少女的初戀滋味」時，我把籃子裡剩下來的水果，一一展現出來，讓意猶未盡的老師們，繼續享受他們的水果大餐。

奇異果

北園國中　陳豔青

雖然是
毛毛醜醜的容顏，
卻有
擋不住的誘惑。
晶瑩的果肉，

只要你接近它，
將會贏得一夏的綠。

奇異果

嘉華中學　尤麗娟

醜陋的外表下，
有鮮綠甜美的內心；
灰暗的外衣裡，
有滿腔的熱情活力。
最多的寶藏，
隱藏在最不起眼的地方。

酪梨

嘉華中學　柳水燦

一顆顆綠色的手榴彈，
高掛在枝椏上。

一旦與母體分離，
就被人們榨出
綠綠的油油的汁。

水蜜桃

宏仁女中　陳淑娟

下凡的小仙子
人見人愛、一彈即破的小臉蛋。
參加紅塵的壽宴後——
蘋果妹妹黯淡了，
水梨弟弟吃癟了，
西王母的蟠桃也褪色了。

情人果

玉山國中　盧文惠

男孩：

恣意吸吮嫩綠甘美舌底的汁，
年幼初戀歲月的青澀，
卡在喉中。
嚥下　情人的眼淚，
嚥下，情人的真心；
卻嚥不下——
「執子之手　與子偕老」的今生。

水果大餐告一段落之後，緊接著我要與會的老師們，注意周遭的東西，試著從它們的造型、功能、特性，以及和人類互動的關係中切入，寫一首和以往不同的新詩。例如，手上的筆、戒子、手錶；眼前的稿紙、書、錄音機、冷氣機等，都可以一一地帶引著它們進入新詩的國度。

筆

嘉華中學　方秀蘭

蘇東坡用筆寫下了

千古絕唱；
杏林子用筆忘卻了
纏綿病榻的悲嘆。
而我——
用筆道出對你無盡的想望。

稿紙

宏仁女中　陳淑娟

一個格子一個「苦」字，
一行格子一串「難」字；
爬到腸枯了，
爬到慮竭了，
終於——
見到文曲星君的微笑。

書

北園國中　陳豔青

上至天文下至地理，
古今中外無所不包；
歷史文化的保存，
經驗知識的傳承。
只要親近它——
將使你獲益無窮。

戒指

嘉華中學　方秀蘭

有人說：
情人用戒指圈住了思念；
夫妻用戒指鎖住了承諾。
但是啊！

思念會變淡，
承諾會落空；
真心——
才是永恆的烙痕。

風扇

興華中學　方秋燕

似傻子轉得天旋又地轉，
只因為與汗珠結下樑子；
非得以秋風掃落葉之姿，
殺得他片甲也不留。

錄音機

宏仁女中　陳湘苑

別看我黝黑的皮膚四方臉，
一副不起眼的模樣。

任誰說話快如風，
任誰講說駟馬難追，
我偏偏不信邪。
不但可以捕風捉影，
而且還讓你原聲重現。

投影機

北興國中　**黃英虹**

冰冷的外殼，
一板一眼的身子；
只要和電線握了手，
就不會輸給太陽的光。

冷氣機

嘉華中學　**柳水燦**

呼呼的氣喘聲，

不停地喘著；
打它——不生悶氣，
只會吐出寒流。
在夏天是人們的寵兒，
在熱天是夢鄉的夥伴；
可是在玉山頂上
卻找不到它的蹤影。

過了一會兒，我發現不少老師嘴角綻出得意的微笑。經驗告訴我：他們已經穩當當地抓到了「詩蟲」。但是也有部分老師仍舊在擠眼、皺眉、努著嘴，「詩蝴蝶」不安分地仍在他們的周遭飛來飛去。這時候，我釋出口風：不要太拘泥周遭的東西了，只要可以入詩的詩材，任憑大家自由發揮、隨意翺翔了。

咖啡加牛奶

輔仁中學　許株蓉

每天清晨一杯研磨咖啡的你，

說那才像是你的人生；
愛喝牛奶補充鈣質的我，
說這是每天的滋補品。
顏色、滋味、內涵、價值觀各異，
怎麼可能會相遇、相知？
造物主弄人——碰上了，
卻發現——
咖啡加牛奶更別有一番風味！

咖啡

南興國中　李明英

下午三點，
你我的雙眸對著——
我的深情，
濃得化不開。
好像咖啡碰上了奶精；

猶如你的深情對上了我的真意。

蓮花

嘉華中學　尤麗娟

酷熱的夏天，
蓮花開放在清涼的水中。
嫵媚動人的姿態，
粉紅嬌媚的容顏。
勇敢的綠衣武士護衞著妳，
妳是天地的主角。
一陣風來，
把妳深情地吹向我；
一陣風去，
把妳輕輕吹向遠方。

「韻」婦

玉山國中　盧文惠

亙古豐美靈動下
　代代相傳
　　血脈相連
懷著人類的子女
前進奮發
韻婦呵！啊韻婦
誰能比得上
妳千古風「孕」

童顏

民生國中　林芳宇

紅通通的小臉，
恰似喝多了酒；

無邪的眼神，
可愛的臉頰，
正慢慢享受多汁的
奶香！

小太陽

玉山國中　莊佩禎

上了幼稚園後，
你的朋友增多了，
你的世界更寬廣了，
你的童言童語更豐富了；
加上你那燦爛的笑容，
溫暖了家裡每個角落。

母親的心

民生國中　林芳宇

我心如刀割，
我心急如焚。
我痛！
我急！
恨鐵不成鋼。
孩子呀！
爲何你總不了解？
你是我今生最大的
希望！

「天下父母心」，打從懷孕那刻起，父母的心就和身上的這塊肉，緊緊繫在一起。所以，老師們雖然人在研習，心還是惦念著孩子，一旦可以自由抒發，當然孩子的事是最棒的詩材，特選了以上四首供讀者分享。

利用放假日參加研習，本來不是一件愉快的事，再加上研習時還要創作新詩兩首、寫心得回饋，更是有夠「青天霹靂」。正如同陳淑娟老師在「稿紙」詩中寫的：一個格子一個「苦」／一行格子一串「難」／爬到「腸枯」、「慮竭」。

好在，大多數與會的老師們，都覺得這是一次很新鮮、很奇特的新詩、作文饗宴。雖然足足上了五個小時，但是不至於使人感到枯燥，反而有意猶未盡的感覺。尤其是新詩的創作上，老師們的收穫最豐富，不但對今後的新詩教學不再懼怕，而且自身對新詩的寫作也更具信心。例如，興華中學羅采芸老師在「心得回饋」上，有這麼一段話：

今天上了林老師的新詩教寫及創意作文後，對於如何引發孩子的詩心，已有了心得和信心，以後再也不會畏懼上作文課，也相信學生會更樂意上作文課。

就是因爲「這樣的神奇經驗，這樣特別的研習方式，這樣與衆不同的講師，讓與會的老師們收穫頁多，獲益匪淺」的緣故，難怪陳淑娟老師在「稿紙」一詩的最後，有這麼一句：終於見到文曲星君的微笑。

（本文發表於「國文天地」186期89、11）

動腦與回饋

一、這麼多的水果詩，你最欣賞哪幾首？爲什麼？

二、許株蓉老師的「香蕉」詩，奶奶爲什麼一再的把香蕉擺上祭桌？

三、「終於見到文曲星君的微笑」詩句，其所象徵的意義是什麼？請你賞析出來。

四、欣賞了本文各詩篇之後，相信你的「詩蟲」也該作怪了，請你趕快舉起筆來拼出幾首新詩吧！

題目：

洞外別有藍天的新詩教學

大武山文藝營教學紀實

屏東縣立文化中心籌備多時的第一屆大武山文藝研習營，終於在（八十八年）五日十五、十六、二十二日等三天，正式隆重地展開了。

這次的文藝營，共安排了許思老師的小說創作、曾寬老師的報導文學、徐守濤教授的散文創作、林清泉老師的劇本寫作，以及筆者的新詩習作等。第三天還特別安排美濃文學之旅，參觀台灣鄉土作家鍾理和紀念館，並作為報導文學攝影實習課程，這眞是一次多采多姿的文藝研習營。

據承辦單位「屏東週刊」鍾振斌社長指出：這次參加人數雖然只有三十人，但是個個都是熱愛文藝，而且都在報章雜誌上發表過文章的國中同學。所以，同學之間程度整齊，學習慾望高昂，從他們喜悅的臉上、興奮的眼神，可以知道這次研習帶給他們的成長、幫助有多麼的大。像明正國中一年十八班的梁家寧同學，在壓軸的最後一堂課，用新詩寫出她的「研習心情」：

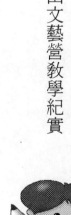

一張張微笑的臉，
一句句啟發的話，
一堆堆珍貴的資訊，
啟迪了我的智庫，
成就了一篇篇
可愛而寶貴的作品。

大同國中陳怡君同學，在「新詩教學」課程中，也以興奮之情寫下她的感受：

新詩的領航者

初到研習營，
看到林老師，
高高的身影，
慈祥的面容，
引領我們進入新詩的國度，

陪伴我們馳騁在想像的原野，
使我們對新詩充滿了興趣。

國中課本每一冊都有一課新詩（新版第三冊例外），每當新詩的課文上完後，我都會利用作文課教同學習作兩首以上的新詩。這個時候，同學們通常心情都會很愉快，因爲寫新詩不像寫作文一樣，需長篇大論地絞盡腦汁，只要腦力激盪一下，說不定靈感一閃，就可成就一首首令人拍案叫絕的妙詩，博得同學與老師的肯定和掌聲。我問與會的同學有沒有這種經驗，絕大多數的同學都以羨慕的眼光看著我，努努嘴搖搖頭。我告訴他們，今天要享受這種經驗時，他們個個都眉飛色舞起來。

屏東的孩子讀過國文課本第二冊第四課余光中先生的「車過枋寮」後，相信都會被感動得想寫幾首水果詩，所以我從家裡帶來了一大堆水果，一樣樣展示在他們的眼前，讓他們眞眞實實地去觀察、體驗、感覺，更讓他們有如醍醐灌頂般去想像、聯想；也適時地提出詩例，帶引他們進入寫詩的境界。他們也眞的不負衆望，一首首頗有詩味的水果詩，像好吃的「洋芋片」似的，紛紛送來，想與大家分享。

蘋果

高泰國中　辛宜諭

不是濃妝豔抹，
是情人嬌羞的雙頰。
忍不住　親了一下，
啊！
一股令人難忘的熱流，
直上心頭。

蘋果

麟洛國中　黃翠薔

上次看到她，
在樹上，
綠油油的，
好可愛。

再次看到她，
紅潤潤的，
真是漂亮。
我忍不住想再看她一眼，
讓那像夕陽一般的倩影，
永印我心田。

香蕉

陸興中學　沈昭吟

它是少女的微笑，
又香又甜；
它是一彎明月，
嫦娥害羞地躲在裡面；
它穿著黃色旗袍，
晶瑩乳白的玉體，
像剛出浴的楊貴妃，

「香」甜、「嬌」豔。

連串的香蕉

明正國中　涂維元

搖搖欲墜的黃海葵，
倒掛著向饕家揮揮手，
他們來到不適生存的路上，
向有緣人「化緣」。

草莓

明正國中　梁家寧

未經保養的臉蛋，
不敢見人。
帶她出去壓馬路，
她只好一路紅著臉，
頭低低的，

一直羞到家。

草莓

明正國中　周炳宏

看著那紅通通的草莓，
就想起情人那鮮紅的小嘴，
好想輕輕地貼近，
親她一口！

一首詩之所以有詩味、有意境，就必須寫來含蓄，不要寫得太白；例如涂維元同學的「連串的香蕉」，原詩的最後一句，本來是「只求早死早超生」，這不但不是詩句，也寫得太白太俗氣了，何況又是最末一句，根本無法穩住全詩，所以我照原意改成「向有緣人『化緣』」，這樣一改，不是含蓄多了，且更有詩的味道嗎？

還有，詩之所以好，要多一些象徵、少一些平鋪直敍；例如辛宜諭同學的「蘋果」，原詩的後半部是這樣寫的「忍不住　咬了一下／啊！／卻使它失去原有的風貌」。看來不但欠缺含蓄，也少了象徵意味。所以我把「咬」字改成「親」字；也照末句的詩情，換成更有象徵意味的「一股令人難忘的熱流／直上心頭」。這麼一修飾，不是更令人覺得全詩更神氣活現了嗎？

蓮霧

明正國中　陳育雯

門口的鈴鐺，
叮鈴鈴！
好聽的鈴聲，
響又響！
弟弟站在蓮霧樹下，
天真地問道：
爲什麼你們都不響？

橘子

南榮國中　鄭仲甫

橘子的皮膚像月球表面

肚子裡有一艘艘的小船，
一條條繩索相連。
船艙裡有橘衣水手，
還有白衣船長，
遇到妖怪的大嘴，
小船、水手都被吞掉了，
只有船長逃了出來。

葡萄

陸興中學　陳若庭

成串的水晶珠，
閃爍著紫色的晶瑩，
令人垂涎欲滴。
卻因爲憐愛　不忍吃，
指尖不小心弄痛了玲瓏的身軀，
眼淚沿著圓臉滴下，

似乎在埋怨：
爲什麼要弄傷我？

菠蘿蜜V・S榴槤　明正國中　吳芊莉

有人說，我和榴槤是雙胞胎，
可是爲什麼我們從不住在一起？
有人說：他叛逆，全身都是刺。
爲什麼我很溫柔，還是有點刺刺？
有人說：他不愛洗澡，臭氣薰人。
可是我住台灣常洗澡，還是有點臭臭。
難道雙胞胎就應該「臭味相投」？

鳳梨　明正國中　陳育雯

頭髮在我頭上，

成了又粗又硬的利箭！
魚鱗在我身上，
成了堅硬的盾牌。
但有誰知道？
我藏有一顆既溫柔又甜蜜的心。

水果詩告一段落之後，接著我要他們從周遭的事物中找題材。凡是眼睛看得見的，手觸摸得到的，甚至於腦袋瓜子可以想得到的，統統都可以入詩。當你找到一個想寫的主題時，只要針對事物的特色，有一個偶然的發現、突出的體會或動人有趣的聯想，立刻把最關鍵的詩句寫下來，然後再加以補充、潤飾、整理、美化，一首好詩便會呈現在你眼前。

這堂新詩教學，最佳男主角當然是筆者，那最佳男配角是誰呢？我想非鍾振斌社長莫屬了，因爲他全程從旁協助，還手拿相機到處取鏡頭，所以「相機」也成爲同學詩中的焦點：

相機

萬丹國中　劉婉玲

「咔嚓」一聲，

相機是我的眼睛，
看到了美麗的世界，
還留下了珍貴的記憶。

照相機（立可拍）

明正國中　陳文龍

你是一個偷窺專家；
一張開眼睛，
便偷走了眼前的風景。
但每一次都被主人抓到，
只好乖乖地吐出贓物，
還給主人觀賞。

眼鏡

新園國中　楊媛涵

眼鏡是個淘氣的小夥子

總是在我的鼻梁上
溜滑梯
賴在那兒不下來

鐘

潮州國中　張家豪

我煩惱時，
你走著。
我沈睡時，
你走著。
但你雖不停地奔走，
卻走不出阻擋你的圍欄。

時鐘

明正國中　吳芊莉

不知從何時開始，

就有三個人在我家裡賽跑。
有位又瘦又高的運動員，
跑得最快；
有個普通的上班族，
規規矩矩地走；
還有位肥短的老人家，
跑不快，只得慢慢散步。

水祭

明正國中　涂維元

水的祭典來了，
成羣結隊地以前仆後繼的姿態，
帶來一場盛大的生命交響樂。
在這羣體的轟轟烈烈革命後，
人們從不體恤地，
從一地的水屍上踏過。

隨著烈陽的召喚，
狂風的强擄，
把他們送入大地的墳場，
宇宙的輪迴火車。

垃圾桶

高泰國中　汪怡婷

嘿嘿！
不需要的東西，
就儘管向我的大嘴巴裡丟吧！
不要緊的！　滿了，還是由你——
將我肚子裡的廢物清理出來。
所以我勸勸你——
何不做做分類？
這樣你可以減少清理我的麻煩，
我也可以不必老撐著肚皮。

「隨著烈陽的召喚／狂風的强擄／把他們送入大地的墳場／宇宙的輪迴火車」的「水祭」，其氣勢之磅礡，令人讀了，內心會有無限的震撼。「所以我勸勸你／何不做做分類／這樣你可以減少清理我的麻煩／我也可以不必老撐著肚皮」，很有環保概念的「垃圾桶」，又是另一類的新詩呈現方式，我相信只要不是「石頭人」，看了「垃圾桶」親切、誠懇、討喜的呼籲，應該從此會做好垃圾分類罷！這就是詩教的最重要功能吧！

從以上同學們的傑出表現，以及這麼豐碩的收穫，可以充分看出這次的大武山文藝研習營，辦得眞是多釆多姿，可圈可點。難怪在下課前，我要求同學們將一天半的研習心得用新詩寫出來時，個個都滿心歡喜。特選出兩首登錄於後，以證明我的話不假。

文藝研習營

明正國中　陳文能

踏進文藝大門，
進入研習教室；
老師們細心風趣的教導，
同學們認真會心的吸收，
成就了一個智慧的學習。

文藝營一遊

高泰國中　汪怡婷

精彩真精彩
有理又多料
若不是此次前來
文藝研習營一遊
還真不知道洞外
別有藍天

近年來，因為傳播媒體的無遠弗屆，無論電子或平面媒體，各種消息每天隨時進入家庭，只要打開電視、翻開報紙，不時看到時下青少年荒誕怪異的行徑，各種殘暴的行為，令人怵目驚心，相信大人們看了都會搖頭嘆息，內心很不好受。

為什麼我們的社會走到這種地步？青少年的次級文化會病得這麼厲害？眞是令人百思不解。箇中原因相信不少，不過其中必有一個重要因素，那就是青少年在讀書、工作之餘，找不到精神食糧與寄託。大人們給了他們什麼？安排了什麼？在在令人存疑！就像這三十位愛好文藝的國中同學，如果不是文化中心籌辦了「大武山文藝營」，營造出這麼有價值的學校課堂外的精神食糧給他們享用，也許他們一輩子無緣有「洞外別有藍天」的慨嘆。

有人說：「彈琴的孩子不會變壞。」以我三十多年的教學經驗，我可以斷言：「喜歡看書、愛好文藝、會寫詩的孩子，更不會變壞。」

（本文發表在「文化生活」雜誌12期89、7）

動腦與回饋

一、看完了林老師的新詩教學及同學們的詩作，心裡多少會有些感受，可否試試用新詩寫出你的感受？

二、同學們的詩作，哪些看了覺得喜歡，爲什麼喜歡？不喜歡的又有哪幾首？並說出道理來。

三、時下的青少年爲什麼會有這麼荒誕怪異的行爲，除了林老師說的理由外，你認爲還有哪些重要原因？

四、看了這麼多的水果詩篇，你的「詩蟲」有沒有在「癢」？若有，則請動筆也寫幾首好嗎？

題目：

令人不再拒新詩於千里之外

活潑有趣的新詩教寫

每個人的心都像碰餅

文賢國中　蔡麗琴

胖呵呵的身段是千年印記。
藉著他——
圓了一場美的饗宴，
色香味一如柔美的主人。
吃飽了、玩累了，
咦！怎麼每個人的心都像極了
他——碰餅。

在台南地區除了家喻戶曉的「度小月」——擔仔麵外，相信很少人知道，碰餅也是很具民俗古味的特產之一。據說，古早時代碰餅是專爲產婦坐月子時，特別研製對身子很滋補、包有芝麻油餡兒的甜點，後來研發成衆人可吃的爽口點心。只是流傳至今，因爲民生物資應有盡有的現在，大家已經不把它放在眼裡罷了。

八十八年五月十八日，我應邀到台南市國文科教師教學研討會上，擔任「創意作文與新詩教寫」的教學演示講座時，爲了寫出地方特色的「味覺作文」和「新詩創作」，特別商請承辦學校金城國中常閣琴主任訂購每人一份碰餅，讓參與研習的老師一邊品嘗、一邊寫作，再經過我的「催化」，大家都文思泉湧、靈感四射。文前的這首「碰餅」詩，就是蔡老師當時的傑作。

在新詩的「教與寫」演示過程中，我告訴老師們：一首耐人尋味的好詩，必須具備含蓄、象徵及聯想等三個要素。而蔡教師的這首新詩，無疑的就具備了這三種優點。怎麼說呢?依我陪他們走過這一段創作的過程來分析：首句含蓄地寫出碰餅的外型和古味；二、三句是描繪吃餅、寫詩的場景，是象徵；至於第四句「柔美的主人」是誰?則由讀者自個兒去聯想；第五句從「吃飽」、「玩累」，就可得知那研習場景是多麼令人嚮往!含蓄兼象徵；六、七行則寫出了老師們個個收穫滿心懷，那種感覺就像「胖呵呵」的碰餅一樣，含蓄、象徵、聯想全都兼有。

同是吃碰餅，但每個人的感受都不一樣，寫起詩來，更是千奇百怪。另舉兩首與您分享：

香餅

大成國中　陳秀貴

香香的
圓圓的
遙遠的甜夢
外婆的愛　在其中
媽媽的愛　在綿延

※　※　※

圓圓的
胖胖的
一碰即碎的香餅
洗了個香噴噴的麻油澡
向初爲人母的媽媽們致敬

碰餅

建興國中　郭秀吟

成績單一離手，
馬上吃了兩個大「碰餅」；
左右兩頰各一個，
好吃嗎？
不是滋味在心頭。

碰餅的甜頭大家嘗過以後，寫詩的興致好像也跟著提高了。於是，我抬出一大簍的水果，這是學校特地爲我準備，用來教老師們怎樣教水果詩、寫水果詩的道具。老師們看到這些新鮮美味的水果，個個睜大眼睛，一臉垂涎欲滴的模樣，經驗在告訴我：他們心中的詩蟲又在不停地蠕動了。

首先，我抱起了一粒沈甸甸的「小玉」西瓜，在大家的眼前晃動，並唱作俱佳地朗誦出台中市協和國小黃素英老師的「西瓜」詩：

圓圓的西瓜，
像綠色的保齡球；
寶寶來了推呀推，
喔！是個超級不倒翁。
奶奶走來摸了摸，
吊起來打打屁股說：
嗯！不錯！不錯！

邊做動作邊朗誦完後，我告訴老師們：寫詩不難，只要專注在與詩有關的事物上，從它的外型、顏色、聲音、內涵、功用、典故、特色、味道，以及與人們互動的關係中，找出一項或數項切入，來一些奇思妙想，多一些擬人、譬喻、象徵、聯想等，意想不到的好詩也就跟著來，大家不妨試試看，現在就從「西瓜」開始，每人試寫一首：

西瓜

安南國中　許欣如

「咚、咚、咚」，

是夏日裡特有的鼓聲，
喚醒了人們醍醐灌頂的渴望。
毋需——
正港的黑松沙士；
更不用——
義美的枝仔冰，
一樣能清涼痛快。

西瓜

金城國中　陳文香

戴著綠頭盔的西瓜勇士，
效命沙場，
衝鋒陷陣；
雖然流著鮮血，
他仍然奮不顧身。

西瓜

建興國中　郭秀吟

綠色的斑馬線，
連接南北極；
赤紅的地心，
黑亮的岩粒，
只要你愛他、親他，
包你清涼一夏。

西瓜

瀛海中學　蔡政君

身懷六甲的孕婦，
穿著絢麗的迷彩草綠服；
叫她在叢林裡躲藏，
她偏偏在沙地曝曬。

一旦被擄獲，
下場——
鮮血滿地，
留下一地無辜的遺腹子。

西瓜

成功國中　林秀貞

身著綠紋衣的大胖子，
是夏天的滅火隊；
見人就挖心剖腹——
只想換來一夏的清涼，
一口口甜甜的祝福。

西瓜

安順國中　馬素珍

一個披著綠色條紋的油漆匠

圓滾而壯壯
一不小心，跌了一跤
灑滿了一地
香甜的紅顏料

從以上六首「西瓜」詩，就可以看出每位老師切入的痕跡；各個不同的著力點，不一樣的聯想、譬喻。但是，他們的專注、用心，所表現出來的純樸、可愛，卻是另有一番詩味在心頭。

接著，我把籃裡剩下的水果，一樣一樣地請出來亮相，冀望他們爆出詩的火花，寫下美的詩篇。

奇異果

新興國中　李玉英

毛茸茸的褐皮，
包容著大地的心。
綠化的香甜，

滋補人類的五臟六腑。
敢問有哪類水果比我更奇特？

奇異果

後甲國中　李玉瓊

沒有雞蛋的白皙，
也沒有香橙的魅力，
更比不上蘋果的豔麗。
不怕人嫌我粗糙暗褐的面皮，
只因我有滿腹的奇情靈氣；
星一般的晶瑩，
海一樣的碧綠。
是誰説過：
斯是陋室，唯吾德馨。
啊！好懷念我那沈潛地裡的
土豆好兄弟。

土芒果

長榮女中　蘇敏慧

有人愛你的維他命
有人戀你的甘甜香
硬邦邦的身軀
禁不起熱情的挑逗
軟化——
管他高矮胖瘦
什麼纖細凹凸
你像是讓人依偎的奶嘴
只要有緣
便以身相許

楊桃

長榮中學　黃玉芬

滿天的星子
不甘當月兒的配角
於是　墮入凡塵
卻沒料到
在萬紫千紅中
仍逃不掉
宿命的安排
變成了「楊桃」

木瓜

建興國中　蔣喜文

黃黃的皮膚
像我　也像你

紅紅的果肉　香甜又多汁
密實的腹腔　滿布了黑小子
我願是那果肉
營養那些密密麻麻的煩惱小子
有教無「淚」、永不後悔

榴槤

文賢國中　馬美珍

有人嫌她臭，
有人說她像刺蝟；
只要你肯深入虎穴，
才能發現她——
如煉乳般豐美的滋味。

香蕉

延平國中　謝美惠

香蕉的心是媽媽的心；
金黃的香蕉，
亮麗香美的外表，
甜軟甘醇的內在，
是成熟的媽媽。
一彎鈎也似的月亮，
像極了幸福孩子的夢之船！

檸檬

新興國中　陳秀禎

黃綠與透白的對話，
話兒是酸？還是甜？
當我用心與她對話時，

她卻似天邊的月姊兒，
深情地與我交談著——
那酸、甜的滋味，
我沈醉、我懷念。

檸檬

新興國中　李淑珠

我是顆綠色苦澀的小球，
雖然不起眼，
卻是女士們的最愛。
大姊因我酸澀的滋味——
皮膚白皙剔透，
從不用ＳＫ－Ⅱ。
小妹因我酸甜的滋味——
健美活潑有朝氣，
臉蛋兒就像顆紅蘋果。

香吉士

安順國中　陳妙瑛

澄黃黃的身軀，
就像是個超大的乒乓球。
球會跳啊！
可是——
她卻只會散發出
陣陣的清香，
誘人的奶水，
真是——香、吉、士。

在「水果詩的饗宴」後，另開闢一場「身邊事物詩」的邂逅。我請他們把注意力轉移到自己周邊的事事物物上，找尋可以入詩的素材。例如桌上的咖啡、臉上的眼鏡、眼前的時鐘，以及腦袋裡可以想到的東西，都可以以自己最熟悉的題材下手。詩材決定好之後，利用書寫題目的時候，專心想想它的特色在哪兒？從什麼地方切入最漂亮？並緊緊抓住最令人心儀的部分，用心加以聯想著墨成詩句，然後以此詩句作爲基礎，擴寫、潤飾，再思索成詩篇。

我一面解說成詩的過程，一面用肢體語言端著「咖啡」，說出台中市文山國小洪碧香老師的詩例：

如果當年
宰予擁有我
孔子可以繼續
他的沈悶教學
※　※　※
如果當年
睡美人認識我
也不用勉強下嫁
小她一世紀的男人

說說唱唱、比手畫腳之後，老師們個個都會心地點頭笑笑，開心地提起筆，進入新詩國度遨遊。

喝咖啡

復興國中　徐麗芬

讓咖啡更咖啡，
最好自己會飛；
飛出了藩籬，
飛出了牢籠，
卡出自己最美的一刻，
讓自己遠離是非。

咖啡

延平國中　謝美惠

沈鬱的色澤
是失戀人兒暗沈的心情：
歡樂沉澱　鬱卒揚升

苦澀落肚　濃香充塞
是那糾葛的心情：
　有時悲抑　有時香醇
猶如山腰的煙嵐
　揮手推去　又罩心懷

眼鏡

安順國中　馬素珍

沒有了你——
前不見古人，
後不見來者，
倍覺淒涼。
戴上了你——
看清了全宇宙，
認識了書中螞蟻，
倍感溫馨。

老花眼鏡

新興國中　李淑珠

戴上老花眼鏡，
我重見了光明！
眼前的美景，
一五一十地呈現。
啊哈！
我得救了。
※　※　※
戴上老花眼鏡，
我「古錐」多了，
努力地尋找，
終找到心儀的東西。
啊！我年輕多了。

鬧鐘

金城國中　陳文香

我是森林來的布穀鳥
我愛熱鬧更愛唱歌
懶弟弟不喜歡我
好媽媽卻疼愛我
不管怎麼樣
我還是喜歡他們
成天唱著：
不孤！不孤！

蝴蝶

長榮女中　蘇敏慧

清晨，
蝴蝶還想賴牀。

太陽公公一生氣，
就沒收了她的早點。
蝴蝶只好搖著花扇，
到處去花叢中尋寶。

喝酒

民德國中　黃素貞

聞它　吻它
終於決定吞下它
管他臉會紅　耳會熱
還是心跳會加速
那一切都不重要
重要的是
那醺醺然的快感

心窗

新興國中　李玉英

睜開眼，
一望無際；
闔上眼，
內外俱黑。
阮若打開心內的窗，
高牆就倒下了。

除溼機

長榮女中　蘇敏慧

晴天水氣少，
我是海綿，
兩三下就吸得精光；
雨天水氣重，

我是利尿劑，
又要跑廁所了，
唰——

詩是美的藝術，一般詩人寫成的詩篇，幾乎都是美好的事物，很少會把醜陋的、骯髒的東西寫入詩裡。即使不得已寫進詩中，也幾乎都是用詩句美化，令人看了不覺得醜陋，更不覺得骯髒，反而造成了另一種使人讚嘆莞爾的效果。像長榮女中蘇老師把除溼機當成利尿劑，雨天水氣重／又要跑廁所了，唰！這種比喻雖不甚雅致，但是滿可以接受的。

談到廁所，使我想起瀛海中學的蔡政君老師，他的「馬桶」詩，更把這種「不雅」的題材，發揮到極致的「美詩」，不信？請看：

每當我倆口對口，
你總愛傾瀉滿腹的苦水：
時而氣勢滂沱，
時而斷斷續續。
等你帶走了昨夜的溫存，

留給我的卻是久久未消的吻痕，
和揮之不去的餘味。

在我的國文課班上，三年下學期的新詩習作裡，我讓他們自由揮灑。在我的引導詩例中，特別介紹這首「馬桶」詩。當大家悟出了整首詩的意境後，大夥兒都捧腹大笑，拍案叫絕，寫詩的興致因此爲之大振。連平日上課愛睡覺、搗蛋，考起試來難得及格的郭宗育同學，也一反常態，不但不睡覺、搗蛋了，而且還帶領著他周遭的難兄難弟們，很認眞地寫起新詩來。

過了一會兒，郭宗育那一帶的同學，又開始不安分起來，甚至於還鬧烘烘的。我心裡知道又有狀況了，所以叫一位比較老實的同學起來問原因。這位同學站起來說：「老師，郭宗育的詩好變態哦！」聽到「變態」兩字，大家又笑得人仰馬翻。

我叫另外一位同學把郭宗育的作文簿拿過來，一探究竟是怎麼「變態」法。不看則已，我一看也「噗嗤」一聲，笑了出來。大夥兒看到我笑出來，更笑得捧著肚子喊爹叫娘。眞的有這麼好笑嗎？請看：

內衣

沒有你，
男人感到不舒服；
失去你，
女人無法很雄偉。
只有天天擁有你，
日子才會過得——
宜而爽、好自在。

每一次教同學寫新詩，或應邀到各縣市擔任「新詩教與寫」的教學演示，常常爆發出有趣的新詩教寫火花。凡是參與過的同學或老師，上完課後，幾乎都覺得新鮮有趣、收穫豐碩。例如，台南市中山國中劉芳梅老師在「研習心得」上這樣寫說：「今天很難得接受林老師的教導，使我不再拒新詩於千里之外。原來新詩的意境可以那麼活潑、那麼純樸、那麼幽默、那麼哀怨……那麼令人會心一笑，也那麼令人眼紅鼻酸……實在太感謝林老師的教導，讓我覺得此次研習不虛此行，值回票價。在此致上最深的敬意，謝謝您！」

在中學國文老師中，像劉老師一樣排斥新詩的爲數不少。平日不但自己不看、不寫新詩，更怕指導學生寫新詩。但是，自從參與了活潑有趣的「新詩教寫」以後，大家幾乎不再拒新詩於千里之外了。

（本文發表於於「新講台」教育雜誌第六期90、6）

動腦與回饋

一、一首耐人尋味的好詩，必須具備什麼要素？

二、想寫一首好詩，應該從詩材的什麼地方切入？並透過什麼樣的技巧完成？

三、本文介紹了很多詩作，你最喜歡哪幾首？這些詩好在那兒？請說出來，或寫出來。

四、活潑有趣的新詩很令人嚮往，你能創作幾首嗎？

題目：

國中老師的雋永小詩

引出超ㄅㄧㄤˋ的少年詩

從八十六年初起，至八十八年暑期止，我曾應邀先後到過基隆、桃園、台中、嘉義、台南、高雄、花蓮、台東及澎湖等各縣市，在國文科教師研習會上，擔任教學演示講座。除了教國文老師「創意作文」外，還教他們怎樣教學生寫新詩，在我「演示教學」的過程中，更激勵他們創作兩首以上的新詩。結果發現有好多國文老師的詩才洋溢，所創作出來的詩作，詩意眞是美，每吟誦一次，便有更深一層的領悟，於是我才決定採用國中國文老師的雋永小詩，來引導同學們創作少年詩。

這次我專門以日常生活上可以看到、用到、想到的用品作爲寫詩的題材，尤其是同學眼前的東西，更是我現身說法的對象。

首先，我從手上拿的「麥克風」開始，我提醒同學們注意觀察麥克風的外型，想想它的功用，以及和人類互動的關係，並念出花蓮縣宜昌國中謝碧燕老師的詩作：

每個人都和我戀愛；
有男有女，
有老有少。
雖五味雜陳，
卻有口無心，
叫我怎敢付託終身？

等我唱作俱佳地吟誦完畢之後，我問同學：「這首詩怎麼樣？是否把硬邦邦的麥克風寫活了？」大多數的同學似乎有所領會似地點點頭。我再以「關愛的眼神」掃回全班同學說：「有沒有同學的靈感被電到了？」坐在麥克風前面的謝松岳忽然站起來，對著「麥克風」說：

你說話一定要那麼大聲嗎？
我在你面前竟敢對我大聲！
真的你不想活了！（逗得大家哄堂大笑）

※　※　※

不過，說真的！
有時候我坐在遠處，
好在因為你的嗓門大，
使我能清楚聽懂老師的教誨。（末了還加一句「謝謝你」！）

在同學的掌聲中，松岳不好意思地坐了下來。這時，我從胸前口袋抽出一支筆，一本正經地模仿松岳朗誦第二節時的神態，借用高雄縣路竹國中洪秋盆老師的「筆」詩，對著筆娓娓傾訴：

當我歡欣，
你跟著起舞；
當我落淚，
你拭去我心中的傷痛。
面對你，
點點滴滴都不再保留；
握著你，

像擁抱百年相知的好友。

我邊說邊用手語「幫腔」，所以贏得了許多掌聲，也「賺」到了不少有關「筆」的詩作，選幾首以供你欣賞。

紅原子筆

張朝棟

滿腔熱血的你，
每天都和我一起討論學問，
漸漸地和我成了知心好友。
一天不見你，
就覺得生活平淡無味；
只要見到你，
就算有再大的煩惱也能把它忘記。
可惜我的知心好友壽命不長，
所以只能多珍惜——

和你相處的快樂時光。

原子筆

謝明謙

我的身材修長又苗條，
頭戴一頂特製的高帽，
滿肚子的學問無處可吐，
只因爲那礙事的大口罩。

※　※　※

直到有那麼一天，
五指怪物爲我解決了難題，
文思不斷從口中吐露，
沈浮在茫茫的文海中，
化成一座又一座的金銀島。
金銀島不停地指引我，
以爬格子的堅定毅力，

一格一格地直入人心。

鉛筆

簡宜蓁

別人是愈長愈高，
我是愈來愈矮，
愈來愈輕。
身體的肉跑哪兒去了？
噢！大概全變成了——
一篇篇動人的詩歌、文章。

彩色筆

馮念慈

黑色代表灰暗，
綠色代表生機；
藍色是開朗，

紅色是活潑。
一羣有顏色的頑童，
幫我道盡了——
心情變化。

粉筆

劉若梅

我是學生的好夥伴，
我也是老師的好幫手。
我總是——
無怨無悔地掏盡一切知識；
我總是——
盡心盡力地刻畫著同學的未來。
不怕生命漸短，
只希望：
同學們能一一成材。

時下的學生有了方便好用的原子筆之後，寫錯字時便少不了修正液——立可白。同學們朝夕和立可白相處，所以感觸特別多。

白色代表我，
把一切的錯誤都消除；
可是消除不了的是——
人們愛惡作劇的心，
和愛塗鴉的壞習慣。（吳筱琳）

短小肥碩的尖頭小弟，
當主人正為錯字苦惱時，
他就成為救火員、清道夫；
成了拯救文字世界的大英雄，
難怪主人會愛不釋手。（蔡緯屏）

修長的身影引人注意，

華麗的外表下，
卻有顆純白善良的心。
像耶穌總想以自己的血液，
洗滌人們的錯誤。
縱使一生如此短暫，
但至少曾在字字句句裡，
留下潔白的足跡。（余宛蓁）

現在的國中生，幾乎有一半以上是「四眼田雞」，所以眼鏡便成了他們隨身「需戴」（帶）的親密「寵物」。我請「眼鏡族」摘下眼鏡，好好把玩一下，從它的功能、架式，以及和自己的親密關係去找詩感。不戴眼鏡的同學，也可以聯想一些相關的物品。並公布台南市安順國中馬素珍老師，參照陳子昂的「登幽州台歌」所寫的「眼鏡」詩：

沒有了你——
前不見古人，
後不見來者，

倍覺淒涼。

戴上了你——

便看清了全宇宙，

倍感溫馨。

有不少反應快的同學，便抿著嘴疾筆成詩，寫了詩的紙條便紛紛遞了過來。

眼鏡

何文惠

眼鏡是我的第二雙眼睛；

有了它，

使模糊的世界變成清楚。

有了它，

讓我看起東西更爲真實。

有它沒有眼睛看不到；

有眼睛沒有它看不清；

他們真是一對相依爲命的好姊妹。

鏡子

鄭安婷

大家都說我是個神祕的千面人。
時男時女，雌雄莫辨；
時老時少　老幼難分；
時高時矮　身高不定；
時胖時瘦　胖瘦難料。
唉！怎麼說到了我的痛處：
以爲減肥成功，
沒幾個月，夏天還未到，
腹部幾時已增加了游泳圈？

玻璃櫥窗

呂曉雯

看似堅强，卻不堪一擊。
我赤裸裸的心，
清楚地呈現萬種風情，
真誠地映出萬樣容顏，
期待你的回眸與佇立。
但是——
當你無情地撐著傘，
無視地從我面前走過，
我想：
天上的雨，
是我臉上的淚。

現在是科技的時代，家中的日常用品幾乎和電有關，因此同學們對電器化用品情有獨鍾的特別多，所以我藉著桃園縣大園國中蔡雪玲老師的「燈」，來帶引同學們：

不似窗外燦爛星空，
不如窗前亮麗彩霞；
我只願
真心爲你守候，
照得一室光亮，
等候疲憊的夜歸人。

燈

鄭婉妤

遠處暈黃微紅的燈泡，
店家不停眨眼的霓虹燈，
以及路旁靜默的水銀燈，
把夜晚點綴成一幅五彩繽紛的夜世界。
燈！帶給孤獨的人一絲絲溫暖，

更是夜行人的良伴。
燈！又如一位剛毅堅强的勇士，
無論是冷風刺骨的寒夜，
不管是狂風暴雨的夜晚，
那風雨無懼的路燈，
仍然直挺挺地佇立在路邊，
照亮了沈靜幽暗的世界。

電風扇

邱昭燕

當我靜止不動時，
我就像朵被關在籠子裡的花；
當我暈頭轉向時，
我就像一陣陣輕度的龍捲風，
趕走每個人身上的汗珠。

電鍋

黃豐原

電鍋是一位有啤酒肚的教練。
他把一羣軍心散漫的球員，
搖身一變，
變成了很團結又成熟的勇士。
有人問他是怎麼做到的？
他說：就靠我那熱血澎湃的胸懷，
感化了年幼無知的他們。

吸塵器

馮念慈

拖著長長的尾巴，
總是以聲音來引人注意，
形象好得讓人們都願意追隨。

正如某藝人說的：
凡走過必留下痕跡。
這個「痕跡」就是乾淨。

按鈕

蘇宣融

你總是對我動手動腳，
害我一直向你點頭、昂頭，
偶爾你對我狠狠壓一下，
我常會發脾氣，
把你給電得頭皮發麻。
最好不要用那濕濕的手碰我，
不然倒楣的終究還是你。

常常有人問我：什麼是詩？我通常是這樣告訴他們：把美的意象，用美妙的句子分行呈現的，就是詩。接著有人又問說：那意象不美的就不能成詩啦？我會補充說：意象雖不美，但用美的技巧處理，仍然也可以成詩。舉例說，在我們的印象中，「馬桶」是既髒又臭的不美東西，一般人是不屑拿來寫詩的。可是，台南市瀛海中學蔡政君老師卻把它寫美寫絕了；劉誌文同學的「廁所」也有異曲同工之妙：

馬桶

蔡政君

每當我倆口對口，
你總愛傾瀉滿腹的苦水；
時而氣勢滂沱，
時而斷斷續續。
等你帶走了昨夜的溫存，
留給我的卻是久久未消的吻痕，
和揮之不去的餘味。

廁所

劉誌文

人們每天都得向他報到，
沒有他實在很不方便。
哀愁進去、快樂出來，
但有時哀愁依舊還是哀愁。
全身異味令人厭，
酸甜苦辣都嘗過，
各種顏色也見過。
如果你敢欺負他，
亂丟垃圾在裡頭，
那你可要嘗黃禍。

寫日常生活用品的詩，詩材可以說是俯拾即是，所以整堂課下來，很難發現同學們為尋找題材而發愁的臉。為了再度强調日常用品詩的容易著墨，以及寫詩的角度可以自由而多樣化地切入，我抓起了講桌上的「茶杯」，借用桃園縣東興國中柯玲寧老師的詩，邊用口語邊做動作，來表達「茶杯」的心聲：

你用水不停地將我灌滿，
直到我再也無法承受。
淚水——
從杯緣滴下。
請你多給我一些空間，
我才能更懂得什麼是包容。

時下有很多年輕人，凡事做得很絕，不留給自己一點轉圜的餘地，所以往往才走上了絕路；同樣的，有許多父母、老師，給孩子、學生過多的要求，使他們沒有一點自己的空間可以迴旋，最後才失去了學習、奮鬥的雄心壯志。

我問同學：這首詩是不是帶給大家一個很深很大的啓示？同學們個個收斂起笑靨，抿著嘴猛點頭。此時此刻，我趁機告訴同學：若想寫首好詩，則不用太矯情做作，也不要給自己太大的壓力，一切以平常心面對。就以「茶杯」爲例，只要專注於自己想寫的題材，試著從各種不同的角度切入，只要發現某個部分很「對味」，也覺得寫出來很有「詩味」時，便即刻用「心」寫下去，直到完成爲止。然後再多費些心思去潤飾，那麼一首不錯的詩，將豁然出現在你的眼前。同學們，大家不妨動筆試試看。沒多久，一首首詩作便像雪片飛來，今挑幾首較特殊的供大家參考。

吸管

黃暐萍

我有一身纖細的身材，
又高又有著美麗的條紋。
只要看到我，
每個人都像是得了「飢渴症」，
不停的吻吮我
直到把我的口水吸乾，
才肯鬆一口大氣饒了我。

圓規

林育辰

每一次老師一教到幾何圖形，
就會有一羣色情狂，
叫我將大腿叉開，
跳個圓舞曲給他們欣賞。
所以呀！
我最討厭上幾何了。

日曆

邱俊豪

我原本是一個小胖胖，
常常煩惱體重過重。
於是每天請人來「媚登峯」，
哇！沒多久我成功地減肥了。

一年過去了，
天呀！又跑回那臃腫的身體，
我只好天天再上「媚登峯」。

鞋子

張朝棟

一條長長的繩子規律地綁著我，
每天被主人穿在腳上，
到世界各地去旅行。
帶著一身疲憊、一身難聞回來，
但我無怨無悔，
只希望能洗一次香噴噴的澡，
好讓我煥然一新，
再繼續爲主人服務。

棉被

李悅嫥

不管冷風如何橫行跋扈，
棉被裡頭卻是熱騰騰的。
裹住了悲傷憂愁，
和那微酸的眼淚。
也包住歡欣喜悅，
和那期待的心情。
更包藏了情侶們那股
濃濃的愛意無限。

面紙

潘俊仁

我和好多好多的親人住在一起，
那兒好不舒服，

因爲好擠。……

※　※　※

我們的際遇不同，

生命也好短暫。

往往才一會兒時間，

就不知道歸屬在何方？

※　※　※

哥哥帶著一身的汗水離開了我，

姊姊也沾上了一身塵埃和我道別，

只有我——

被風兒帶往遙遠的那一方。

走過了這麼多的縣市，接觸過不計其數的國文老師，每一次在新詩教學前，我都會問問老師們過去作文課，教同學習作新詩的情形。所得到的結果，卻是一次又一次的失望，竟然教過同學習作新詩的還不到一成。所以我才大力鼓吹推廣，培育新詩教學的種子，散播到各校園，並且爲文報導新詩教寫的方法和成果，冀望新詩的園地不再繼續荒蕪，進而逐漸綠意盎然，開花結果。

在這推廣的過程中，國中國文老師被激發出來的雋永小詩非常多，這次新詩教學所引用的，只不過是針對日常生活用品的一小部分而已。僅這一小部分，就已經把我班上×同學的詩心，激盪得詩興大發，好詩作多得讓我撰寫此文時，實在難以取捨。目前我手上還有一大疊好詩，但因限於篇幅，只能再挑兩首，以證明：只要好好地引導同學，國中生寫出來的「少年詩」，是非常「ㄅㄧㄤˋ」的。

紅綠燈

鄭安婷

我就像宣示戰爭的三眼獨腳怪。
張開「綠眼」：
雙方人馬互相進攻，
人心沸騰、衝鋒陷陣、氣勢驚人。
張開「黃眼」：
已進入戰鬥地帶的，
猛然拚死、衝上前線、奮勇殺敵。

尚未進入戰鬥地帶的，
停駐在後、營造聲勢、振奮人心。
張開「紅眼」：
全軍覆沒、屍橫遍野、慘不忍睹。
雙方紛紛看到停戰牌似的，
停在楚河漢界上，默然喘息。
然而卻有不少的人，
正摩拳擦掌準備下一回合的攻擊。

風箏

呂曉雯

妹妹的心，
像天上飛的一隻風箏，
既頑皮，又不聽話；
媽媽的心，
就像拉住風箏的線，

嚴厲中卻不失慈愛。
長長的線緊緊繫住風箏，
伴她度過風暴，
伴她渡過災難。
當然在天晴無雲時，
這條線仍然是兩顆心的熱線。

動腦與回饋

一、從什麼地方可看出，謝碧燕老師把「麥克風」寫活了？

二、和「筆」有關的詩有很多首，你最喜歡哪一首？爲什麼？

三、文中林老師曾解釋過什麼是「詩」，請問你認同嗎？

四、文中有關電器產品的詩很多，哪一首令你印象最深刻？怎麼深刻法，請略述一些好嗎？

五、你認爲寫日常生活用品的新詩，要從哪些角度切入，才較有勝算，容易成詩？

六、綜觀文中二十七首同學創作的新詩，你認爲水平如何？優劣點在哪兒？請簡述一下。

七、請你也試寫新詩兩首（一首寫文中有的題目，另一首自定）。

題目：

「公辦民營」研習　綻放出美妙詩葩

近幾年來，教育當局為了實施九年一貫教育政策，如火如荼的展開教師進修活動，在各地方、各學校舉辦講習會，其目的在使中小學教師，在觀念、教材、教法上有所瞭解，有所突破，進而達成九年一貫的課程目標。

自從民國八十八年底凍省之後，各縣市政府受到上局補助中小學教師進修的經費，似乎逐漸在減少，教師本身為了充實專業知能，有很多自行採用「ＤＩＹ」方式，請假報名參加各大學、研習機構的進修。也有不少的各級學校，採行「公辦民營」的方式，聯合附近幾所學校舉辦單科或多科的研習會。

何謂「公辦民營」的研習方式？就是學校根據需要，擬定研習計畫，報請主管機關核備後，學校負責提供研習場所、招募研習教師，其餘場地的佈置、講師的聘請、研習資料的提供、茶點的準備等等，都委請該科有來往的出版公司出面承辦。這種研習方式，學校可以節省人力、物力，也達成了教師教學相長的功能；教科書出版公司也可以藉由老師參與研習的機會，充分作雙向溝通，讓教師使用教科書時，更有效益、更有信心。

九十學年度第一學期，高雄市的三民國中、正興國中，分別利用第一、二次段考兩天下午停課的其中一個下午，舉辦語文領域課程的研習會。三民國中整個下午兩堂三個小時由我來講「新詩教寫」和「創意作文」；而正興國中只安排一堂，讓我作新詩教與寫的教學演示。

這兩次研習的性質，和以往各縣市教育局主辦的教學研究會截然不同。過去參與的老師，都是各學校遴選指派參加的，帶有半強迫性（有的志願、有的是輪派或抽籤）；參與的教師是利用上班時間，參加整天或幾天研習，可報請公差領取差旅費。而學校該上的課，則由其他教師代課，政府還得另發代課費。因此這種研習方式，雖不能說是「勞師傷財」，但是所費不貲卻是事實。

相反的，參與這兩次研習的老師，都是犧牲段考下午停課閱卷的時間，不花政府一文錢，不耽誤學生課業的情形下，積極熱心的參與進修研習，其精神著實令人欽佩。基於此種體認，所以我以誠摯欽敬的心情傾囊相授，帶引他們怎樣指導國中生寫新詩；在演示的過程中，激勵他們觸發出靈感，因而也能創作幾首新詩。

這兩場研習會，大約各有四十來位國文老師，問他們過去每上完新詩課文後，曾指導學生練習寫新詩的，大概也只有二、三位。當大家分享他（她）們教學新詩經驗時，聽到的不外乎是隨意唸幾首好詩讓學生欣賞，然後叫學生隨意習作；或者是影印一、二篇如何寫詩的文章給學生看，看完後請學生寫一、二首新詩。就這樣新詩教寫的作文課，便宣告完成。

我覺得新詩教學除了上面的教法外，應該還有更寬廣、更有效的發展空間。寫詩時，必須儘量協助學生如何尋覓詩材？發現詩材後要從何處切入？如何去體驗、感覺、聯想，而觸發詩感？有了詩感後，進而引導如何去捕捉詩髓、詩眼，寫下最關鍵的詩句？然後分行加以擴寫、潤飾、美化，最後確定題目，一首好詩相信便可呈現在眼前。

帶引孩子寫詩時，可以從周遭的環境、物品開始；從最簡單、易懂、有趣的童詩著手。例如，看到斑駁的「牆壁」（發現詩材），便可從「斑駁」切入，（感覺）牆壁「老了」／生了滿臉的皺紋（聯想）／還長了滿腮的白鬍鬚（詩感）。再看看窗外，發現不停搖動的「樹」葉，聯想因此而產生了：樹最喜歡風阿姨了／一看到她就拚命的揮手。同樣的，回到室內的「窗簾」，利用對「風」的體驗，可作如下的「聯想」：

窗簾是風小姐最要好的男朋友，
風小姐一進來，
就不停地和她跳起「黏巴達」。

通常，老師現身說法三五首詩例後，可以暫停幾分鐘，讓學員有時間共鳴回響，捕捉靈感，成就詩篇。

風　三民國中　**郭三源**

頑皮的風弟弟；
總是喜歡掀開阿姨的裙子，
摘下婆婆的帽子，
吹熄爺爺的香菸。
不過我希望他把我吹到海邊，
陪我玩沙子、捉寄居蟹！

鏡子　鼎金國中　**陳怡秀**

鏡子最討厭，
愛模仿別人，

卻總是唱反調。

絲瓜藤

正興國中　陳芊如

匍匐是我的前進，
蔓延是我的方向；
用綠——
一步一步爬滿窗外的瓜架。

接著，我拿出一粒蛋，先讓老師們仔細端視，再放在講桌上滾動，同時作口頭問答，並請一位老師在白板上，分行寫下台下的回答：蛋／不圓嘛／但可以滾／好好玩哦／不小心掉下來啦／哇！破了／哈哈！蛋黃流出來了。

這是一段很生動自然的寫詩過程，台下的學員只知道好玩，卻渾然不知在寫詩。等一首有形的詩作呈現在眼前時，才恍然大悟——寫詩也這麼好玩，這麼有趣。

詩成之後，問他們這是不是一首童詩？大家幾乎點點頭；再問他們是不是好詩？有的點頭，有的搖頭。問搖頭的老師們，為什麼不是好詩，要怎麼修改時，大伙兒七嘴八舌，意見紛歧。等我把原作用大字報公佈後，頓時嘖嘖稱奇，原來只要把「蛋黃」改成「太陽」就行了。

利用這個機會，我告訴老師們：往後批改、鑑賞新詩，要把握幾個原則：一、詩句要洗鍊、有節奏感，有別於作文的句子，讀來才有韻味。二、表達要含蓄，有別於作文的明寫，詩才會美雅。三、詩境要具有象徵性，令人讀起來才濃郁有詩味。四、一首好詩，少不了聯想和影射。聯想越多，越令人喜愛；影射越妙，才會令人拍案叫絕。

根據這四項原則，我指著手上的麥克風，來一段唱作俱佳的〈怨嘆的麥克風〉：每個人都和我談戀愛／有男有女／有老有少／雖然滿口海誓山盟／但是個個有口無心／叫我怎麼能托付終身？

吟誦完之後，問問台下的老師們，這首詩有沒有符合上面的四項原則。大家都抿緊嘴、點點頭，每個老師的眼神，好像傳來一道靈光。經驗告訴我：他們內心的「詩蟲」在蠕動，「繆思」的手躍躍欲試。

蛋

正興國中　**萬翠鳳**

土司兄弟最愛欺負我，

常常聯合起來——
把我夾得透不過氣來。
只有麵皮姊姊最愛我，
常常把我抱得緊緊的。

咖啡

和平國中　**胡倩華**

在全然的黑夜裡想你
很苦
於是我將白色的記憶傾倒
一口接一口地啜飲
我的戀戀思念

練習寫水果詩，是國中師生心中的痛，也是心中最期盼想練習寫好的心願，因為國文課本裡有寫水果詩的功課。

寫水果詩時，最好的道具就是請出水果本身，和寫詩人面對面迸出詩的火花。

深。台灣的水果種類很多，也很便宜，幾乎人人都吃得起，所以大家對水果的體認便特別

我常想：要想寫幾首水果詩，並不是一件難事。只要把想寫的水果，專心地注意它的外型、色澤、氣味、名稱、口感、重量、典故，以及和人們互動的情形，抓住一項或幾項去切入、去觸發、去聯想，一首好詩自然就手到擒來。

例如，把蘋果偎近少女的臉龐，不就成了蘋果臉；當大家注視她時，蘋果臉上不就出現了腮紅；把蘋果高舉，忽然鬆手，掉落的現象，自然會想起牛頓「自然落體」的「地心引力」典故；聞聞蘋果的香味，自然會想起嬰兒的體香；蘋果的名稱，不就是「平安之果」的諧音。……這些聯想、構思可以說都是切入寫詩的好妙招，只要腦力激盪一下，一首妙詩不就輕輕鬆鬆的寫成了。甚至於台上不經意的一個咬「蘋果」的動作，就成就了台下正興國中萬翠鳳老師的詩作：

蘋果　正興國中　**萬翠鳳**

「咔嚓」一聲——
餅乾嚇一跳！

以為自己的心碎了；
甘蔗嚇出一身冷汗，
以為自己的腳斷了。
不是，不是，都不是！
原來是蘋果——
裂掉了一塊肉。

由蘋果的紅色，可以聯想到兔子的眼睛、猴子的屁股、喜獲麟兒的紅蛋、豪宅的朱門，甚至於天上的晚霞、蠟燭的腮紅。……都是很好著墨的好詩材。

晚霞

正興國中　**黃秀娥**

戀愛中的妳，
總是等呀等，耐心地
從日出等到日落。

※　※　※

風來了，
妳急欲展現手彩，
一會兒橘紅洋裝，
一會兒粉紫裙褲。
※　※　※
換著　幻著
風走了
夜來了
也累了
只得換穿黑紗睡袍，
和月姊星兒道晚安。

協辦的出版公司在會場外，不但準備了些茶點，在會場內每位老師的桌子上，也各放了二、三個橘子。我請他們拿起來好好端詳，摸摸外皮，聞聞果香，然後剝開看看裡頭的構造、紋路，並嚐幾片果肉的味道，注意吐出來的果「子」。……這些DIY的過程，或許寫詩的靈感也就自然出現了。

橘子

正興國中　**陳涵華**

戴著扁帽綠皮的小胖胖，
高舉著枴杖，
在風阿姨的撫頰下，
披星戴月，
披荊斬棘。
在一聲聲的「凍蒜」中，
轉瞬間天地變色，
泛綠怎麼轉為橘黃？

去高雄之前，我隨手在廚房菜籃裡，抓了幾樣蔬果，這時候正好可以派得上用場，都拿出來一一亮相，並簡略提醒老師們可以切入寫詩的竅門，好讓大家有更多的詩材，寫出更多的妙詩。

香蕉

正興國中　**黃宜芳**

合身的金黃外衣
包裹著嫩白的嬌軀
撲鼻的體香四溢
但要注意
我的青春請你務必珍惜
因為一塊塊的老人斑
是歲月調皮的印記

洋蔥

鼎金國中　**陳怡秀**

洋蔥是個不乖的小孩，
媽媽即使剝了他的皮，
難過掉眼淚的仍是媽媽。

在你沐浴的茶中，
以最甘醇的味道，
留給人最古早的懷念。

桂圓

正興國中　**陳芊茹**

八十分鐘的新詩饗宴，進行到這兒已近尾聲。還沒享受夠的老師，可以乘機天馬行空、自由自在的大啖一番；已經差不多酒醉飯飽的老師，可以撿食喜愛的菜色，好好地再滋補一下，讓自己更心滿意足、滿載而歸。

九年一貫新課程將從九十一學年開始實施，國中教師個個莫不誠惶誠恐、摩拳擦掌、全力以赴地準備迎接這劃時代的教改政策。其實，根據我三、四年來，多次參與全國性、各縣市所舉辦的九年一貫課程研討會的心得，我認為：九年一貫的教育，不過是在鬆綁、彈性的政策下，是教師教學自主的開始而已。其課程內容設計，最主要的精神，一言以蔽之，無非是統整、生活、趣味和創新的教材教法的革新罷了。

老實說，四十多年前我讀師範學校時，那時候的課程設計，和現在教改後的課程改造，幾乎沒什麼兩樣。所不同的是那時候稱作「大單元合科教學法」，而現在改稱為「統整領域式教學法」而已，真是應驗了「合久必分、分久必合」的道理。如果硬說要有區別的話，只能說過去的教學比較嚴肅無趣、以教師為主的單向式教學，現在的教學比較著重活動式、趣味化，以學生為主、教師為輔的雙向教學。

其次，最大的不同應該是「創新」的教學精神。過去的學校教育是教材統一化，加上考試領導教學，幾乎沒有教師自主的空間。現在可不同了，權力結構從「單向支配」轉變為「多元互動」了；教材內容從「全國一致」轉變為「學校本位」經營，往後教育的生態，將進入學校自主、校園民主、教師個人創意的時代。

在狄更斯的《雙城記》裡有這麼一句話：「這是黑暗的時代，也是光明的時代。……」在現今的教育體系，同樣的也可以這麼說：「這是混沌的時代，也是開創的時代。」我們國中教師往後要怎麼走，全掌握在我們手中。例如過去較呆板無趣的作文教學，往後該多激發創意；荒蕪多時的新詩教學，也該多用心耕耘，讓國中的新詩園地，綻放出許多美妙的詩葩。

動腦與回饋

一、文中有二段老師指導學生寫詩的方法，請你消化成自己創作新詩的訣竅，完整的寫出來。

二、文中對水果詩的寫作，有一番詳盡的解說，請你用實例來說明寫水果的方法。

三、文中的「蛋」、「香蕉」、「洋蔥」等，都是可愛小詩，請問它們可愛的地方在哪兒？請寫下來好嗎？並表示你的見解。

四、教改已經實施了這麼多年，你覺得教改的精神在哪兒？

題目：

款款深情的文字，使佳人爲之展顏

一群認真的國文老師所寫下來的可愛小詩

有人說：「認真的女人最美麗。」同樣的道理：「認真的男人最可取。」這兩句話用在一群國文老師身上，一樣也說得通：「認真的老師最令人敬佩。」

有一群可敬可佩的國文老師，甘願犧牲寒假旅遊，或年前做家事的時間，忽然獲知、或上網得知有進修充電的機會，便毅然決然地報名參加研習。研習的日期是元月二十三日上午，地點在台南市後甲國中，除了台南市區的國文老師外，還有台南縣的國中老師，甚至於有遠自於屏東縣來的，共聚集了四、五十位。

這次研習的主題，分兩大部分：一是宋裕老師的「趣味教學」，另外是筆者的「創意作文與新詩教寫」。時間由九時至十二時。逸趣橫生、笑聲連連的「趣味教學」，足足講了九十分鐘。剩下九十分鐘，扣除下課休息時間，任我怎麼趕，也無法把兩個子題談完。至於成效，那更不敢奢求了。

「窮則變，變則通。」我利用下課時間，放映片長二十三分鐘的影片「獼猴爸爸」。影片放完，立刻開始上「創意作文」的「看影片寫作文」。接著，我提綱挈領、畫龍點睛地介紹幾種最受歡迎的創意作文教學設計。如：作文課像記者會、觸覺作文「恐怖箱」、味覺作文「邊吃冰邊寫作」、逆向思考作文「不是母親節的日子」、活用課文名言佳句，以及可以上電視的作文課……等。上完之後，還剩六十分鐘，便全給了「新詩教寫」。

「新詩創作教寫」課程，我共設計成六個階段，每學期授課一次，三年共六次的新詩教寫內容。所幸，主辦單位翰林出版公司，已經將課程內容印成講義發給了每位老師，因此，節省了不少寫黑板、打投影片的時間。原本每階段需要三十分鐘講授的內容，十分鐘不到，便簡單扼要地把新詩教寫過程演示出來，並帶引老師們馳騁在新詩創作的想像世界。有鑑於時間的緊迫，所以大家都很認真、專注，在全力配合之下，午時一到，終於大功告成。老師們離開會場之前，一一的把至少一首的新詩作品，交到我的手上，筆者內心除了感激，就是敬佩。

午餐過後，我坐上北上的火車，準備第二天台北縣市的兩場研習會。在車上小睡一會兒之後，拿出老師們交來的作品，想一解車上的無聊。

原本認為：在急就章之下的新詩創作，不會有多大的看頭，沒想到，一切出乎我的預料之外，第一首台南市安南國中林淑珍老師的「獮猴爺爺」，就讓我眼睛為之一亮：

一聲聲「猴子」——呼喚烏山原住民
一根根「香蕉」——飼餵落難靈長類
媒體爭相揭開這溫馨面紗
遊客卻不斷地猛撕裂踐踏
爺爺急得趕緊再接合再縫補
不許人類再褻瀆他們的始祖

看影片寫作文的「獼猴爸爸」影片，放映過不下百次，看過的人，不論是評述或讚賞，從未有用新詩呈現的。唯有林淑珍老師是第一次，而且還把影片的精髓，寫得淋漓盡致，實在令我感動。因此，我以既興奮又期待的心情，像尋覓寶物似的，迫不及待地細看所有的作品，並把不凡的詩作，劃記歸類在一起。等看完之後，灑脫不俗的作品，拿在手上，可說是沉甸甸的一疊。心想：忙完了急著要寫的文稿之後，這些可愛的詩作，也該設法公諸於世，讓有緣人欣賞。

時間一逝就是三個多月，現在重讀這些詩作，真是滿心喜樂，愈發讓我有不能不提筆寫篇報導的念頭，現在就以當時教寫過程的順序，揣摩老師們可能引爆的新詩火花，所創寫出來的新詩，選錄幾則較具代表性的詩作，供大家欣賞借鏡。

為了提高老師們對新詩教寫的興趣和信心，我從最簡單又有趣的「童話詩」開始。例如：放暑假了／媽媽說：我想去美國／爸爸說：我想去英國／兒子說：我想去小人國。諸如這般的「趣詩」，提示個三、五首之後，便有如下不俗的「童話詩」萌芽。

看流星雨

台南市南新國中　**王佳蘭**

爸爸說：「好壯觀的天文現象！」
媽媽說：「好淒美的情人眼淚！」
哥哥說：「快許願！」
妹妹卻說：「星星怎麼都在打瞌睡？」

爸爸好厲害

台南縣大灣高中　**陳羿蓁**

老師說：螢火蟲很厲害，屁股會發光。
全寶說：我爸爸比螢火蟲更厲害，他的頭也會發光

尿尿

屏東縣麟洛國中　**蕭綺慧**

弟：月光光　心慌慌
我的床兒在蕩漾
姊：怎麼？你又……

夜光貼紙

台南市文賢國中　**黃玠源**

天花板上貼滿了星形夜光貼紙，
每當夜幕闔上時，都努力閃閃發光。
媽媽說：那一顆是我的星星，叫做快樂媽咪。
女兒搶著說：那一顆是我的，叫做微笑姊姊。
爸爸說：那一顆好懶呀！怎麼不太亮啊？
母女異口同聲說：那是爸爸呀！叫做大睡豬。

接著，我又來一次唱作俱佳的「蛋」詩教寫，讓老師們懂得一首童詩是如何形成，以及好詩必須具備含蓄、象徵及聯想的道理。因而也造就了文賢國中楊惠珺老師的「蛋黃」詩。

蛋黃

台南市文賢國中　**楊惠珺**

啪！
透明液體竟有黃澄澄的太陽探出頭來；
想學李白撈月的浪漫，
卻發現——
再美的事物，也經不起現實的無情。

蛋詩的教寫過後，接著從簡單易學的二行「樹」詩，來開始學寫童詩：樹最喜歡風阿姨了／一看到她就拚命的揮手。因此激盪了部分老師的想像，孕育出相關的詩作。

樹

台南市崇明國中　徐滋鴻

風輕吻著樹梢
樹害羞地輕顫
微微地低下頭
細訴無限衷情

校園鳳凰木

台南市復興國中　王秀梗

鐘響了
　滿心期待許多的笑臉飛揚
　就算是棒球打在我身上也無妨
最怕鐘再響
　又留我獨自一個在運動場上

風

屏東縣麟洛國中 **蕭綺慧**

風姑娘　戀愛了
因為她經過的地方
花開了　葉子也綠了
風姑娘　失戀了
因為她經過的地方
花謝了　葉子也黃了

小草

台南縣仁德國中 **陳淑惠**

依循著大地的脈動
等不及探出頭來
抓住一把泥土
大聲宣誓：「我要活下去。」

水果詩的教寫，是國中老師過去最害怕面對的課題。因為上完了余光中先生的「車過枋寮」詩之後，在「問題與討論」欄中，有一題要求學生寫一首台灣的水果詩。經我在各研習場合的調查，有八成以上的國文老師，採用「放牛吃草」的教學方式，來個「船過水無痕」。因為自己不懂詩，哪敢教學生寫詩；何況，現今的台灣詩人，也很少關注台灣的水果，因此無法向前輩詩人取經。

這幾年來，我常帶著水果，往全省各縣市、各學校跑，無非是同樣站在教學第一線的國文老師，竟然自己多了一些水果詩的教寫心得，有義務跳出來，幫大家解決難題，也因而成就了許多老師的美妙水果詩，收錄在我的文章裡，編輯在我的書裡。這一次，我也帶來了幾樣應時水果，以最精簡的寫詩招術，教他們如何破解新詩教寫的迷陣，因此造就了幾首妙詩。

香蕉

台南市崇明國中　**徐滋鴻**

縱看成船
側看似背

遠望如月
正看像朱銘的
人雕

蘋果

台南市中山國中　**陳春蘭**

壞巫婆使你成為毒害白雪公主的凶器
醫生卻說妳可以遠離疾病
我獨愛唇齒和你接觸時
「卡卡」的清脆聲

草莓

台南縣大灣高中　**陳羿蓁老師**

為什麼藍莓是藍的？
為什麼紅莓是紅的？
那為什麼草莓不是綠的呢？

由草莓、蘋果的紅色，聯想到天空中的「晚霞」。

晚霞

台南縣新市國中　**余玉玲**

不知是誰打翻了調色盤
天空是一片色彩繽紛
連太陽公公也換上溫暖的笑容
準備迎接星星小姐的蒞臨

寫完了水果詩，我請老師們仔細端詳周遭的物品，只要專注地淨化一下心靈，將發現有好多東西，可以賦予生命，長出詩苗，開出詩葩。例如：手上的戒指、手機、鑰匙、修正液，以及眼前的茶杯、咖啡、電風扇等，都可以一一的入詩。像吹涼風、直搖頭的「電風扇」，可以這麼寫道：電風扇是個壞小孩／整天愛說風涼話／老是愛作弊／又搖頭說沒有。

戒指

台南縣新市國中　陳盈君

戒指是個愛黏人的小孩；
只要一戴上它，
就一輩子擺脫不了。

修正液

台南市文賢國中　林育德

修正液以為把錯字包起來，
就可以當做什麼都沒發生；
但是一向光，
還是照得出來。

手機

台南市文賢國中　**黃峻宏**

小小的七彩寶盒裡，
藏了許多人的祕密——
喜怒哀樂的情緒，
高低快慢的聲音。
盒子傳出女孩的笑聲。
也道出了旅人的愁緒。

鑰匙——給心愛的人

台南市中山國中　**陳春蘭**

我的身上有一串鑰匙，
圓圓扁扁的是汽車鑰匙，
長條型的是家裡的鑰匙。
但是——我還缺一把

打開你心房的鑰匙。

玻璃杯

台南縣善化國中　**林美伶**

是誰看穿了我的秘密
一顆透明的心
怎堪冰冷的對待
害我凝結出
滴滴晶瑩的淚水

咖啡

台南市南新國中　**吳逸嫻**

熱水一沖開，
空氣中就散溢出濃濃的香味；
小飲一口，
留在嘴裡的是淡淡的苦味。

原來這就是爸爸每晚坐在書桌前，
伴著憂愁的滋味。

衣櫥

台南市建興國中　**黃筱琦**

不同的法寶變出不同的戲法
化身為清晨與黃昏
偽裝成雨後迷濛的彩虹
更是一株會走動的聖誕樹
在雪白的地上刻印於屬於自己的足跡

詩人李敏勇在「關於一首詩的形成」一文裡指出：閱讀好詩，可以適時引進陽光，讓內心已萌芽的詩種子，長成有枝有葉的形貌。由此可知，教寫新詩時，也可以利用前輩詩人的雋永小詩作為素材，帶引學詩的人思考、聯想、觸發心中的詩種子，使它長成枝葉。像由商禽的「眉」：只有翅翼／而無身軀的鳥／在哭笑之間／不斷飛翔。促使建興國中許惠敏老師寫成了「鼻」詩：

鼻

台南市建興國中 許惠敏

鼻是眼的患難兄弟
任悲喜糾纏
總是兩肋插刀
涕泗滂沱

由覃子豪的「貝」，也孕育出兩首有關海的奇詩：

海浪

台南縣學甲國中 陳怡親

海浪愛賽跑，
追著大船拚命跑，
趕著先入港。
海浪愛熱鬧，

圍著大船繞，
還躲躲藏藏玩起躲貓貓。

大海

台南縣大灣高中　**謝幸儒**

在岸邊痴痴地
盼望貪玩的小孩能再回來看它
哭著哭著　聲音啞了
等著等著　頭髮白了

新詩創作貴在天馬行空、隨心所欲的選材，自由自在、無拘無束的任意揮灑。所以，每一次的新詩教寫時，我都提醒老師們：只要有靈感閃過，不管什麼題材，都要捕捉下來，到最後有自由揮灑的時間，它將作為整理、修飾、潤色的關鍵詩眼。

周公

台南市新市國中　**陳盈君**

周公可能是個壞小孩
老師總是對王小明大吼：
「你又去見周公啦！」

國文課

台南市文賢國中　**黃峻宏**

粉筆　在黑板的左邊和右邊之間
吃力地　爬著　爬著……
而我　也在懂與不懂的中間地帶
無奈地　爬著　爬著……
下課了才發現　我就像粉筆一樣
有個不斷爬著　爬著　再爬著
不可迴避的宿命

酒

台南市南新國中　黃佩玲

喜愛用泡沫來掩飾想你的實力，
太奸詐了！
一杯二杯三杯……
臉上掛了兩顆大蘋果，
心中跑來一隻小野鹿；
藉酒裝瘋吧！
手往身旁的他搭去。

情書

台南市南新國中　陳重安

手中的握筆不斷的旋轉著，
腦中的細胞不停的跳躍著，
心中的思緒不止地探索著。

三方齊心努力——
化為款款情深的文字，
終使心儀佳人為之展顏。

這麼多年來，到處奔波從事新詩教寫，無非是想鼓勵老師們重視新詩、接近新詩，進而喜歡新詩；偶爾興起也會寫寫新詩。然後，擴而大之，也能影響自己的學生，師生樂於為荒蕪的詩園，耕耘出一片美麗的春天。

在新詩教寫的過程中，我常拜託老師們，辛苦寫出來的詩作，千萬不要藏諸名山、束之高閣，要勇敢的拿出來發表。可惜，目前台灣詩壇可供新詩發表的園地不多，有的還侷限於門戶派系，對剛出道的老師們來說，其詩作是很難得到青睞的。所以，每一堂新詩教寫之後，只要發現參與研習的老師們很熱忱、認真，所寫出來的作品精彩脫俗，我都會串聯起來，設法發表於報章雜誌上，並匯集成專書出版，流傳於世。像這一群熱心、認真的國文老師，其表現著實令我十分感動，這些款款深情的詩句，也著實令人為之展顏。因此筆者樂於寫此專文，報導這些可愛的詩作。

動腦與回饋

一、蕭怡慧老師把「風」比擬成年輕的姑娘，「戀愛」、「失戀」時，各是什麼現象？

二、陳怡親老師的「海浪」詩，是一首很有「動感」的趣詩，相信看後，腦海裡會存有一些久久不去的印象。請你把這印象寫下來好嗎？

三、陳盈君老師把「戒子」比做成愛黏人的小孩，寫了一首妙詩。同樣的意念，你也可以另寫一首不同內容的新詩。請試寫看看！

四、一句話往往可觸動寫詩人的靈感，像「你又去見周公啦！」在日常生活中，有很多的「一句話」，請找出一句寫成一首詩好嗎？

題目：

與高中老師來一場海闊天空的新詩教寫

做夢不曾做過，連想也不曾想過：有那麼一天，我會在一大群的高中國文老師面前，堂而皇之地給他們講課，因為我只是國中老師。當接到教育部台灣省中等學校教師研習會的聘約後，內心著實有點兒惶恐、擔心。惶恐的是不知道高中和國中老師的同質性有多少？擔心的是一向在國中老師面前，滔滔不絕、趣味橫生的上課場面，不知道會不會再次重現？好在，每一次遇到類似這種困境時，我通常會告訴自己：一切隨緣、微笑面對，全力以赴。

九十一年十月十六日下午，我來到研習會租用在台中漢翔航太中心的教室，不甚寬敞的空間，坐滿了來自全省各國立高中的國文老師，看看名冊既然多達七十九位。會裡給我的講授主題是「新詩創作教學及其理論」，我試著問老師們：上完課本中的新詩課文後，會指導學生習作新詩的請舉手，有四位；課餘會看看新詩、寫寫新詩的請舉手，結果無人舉手；由小到大從來沒寫過新詩的請舉手，有些老師羞澀的不好意思地低下頭，卻有不少老師很「阿莎力」地舉起手，並四處張望尋找「同志」，當他們的眼光碰在一起時，還「噗氣」一聲地相視而笑。

看到這些現象，心中暗忖：國高中老師的新詩素養，同質性蠻高；指導學生習作新詩的量，高中老師反而不如國中老師。因此，先前的惶恐和擔心，也因而冰釋了。

為了讓這些對新詩生疏的高中老師，建立信心、培養興趣，我特別從童言童語的「童話詩」開始，介紹幾首有趣的童話詩，作為「新詩教寫」的開胃菜。沒想到卻引出了二、三十首既有童趣又富創意的童話詩，今選錄幾首童趣迥異的與您分享。

出國

竹東高中　**王秀文**

放暑假了，全家想出國。
媽媽說：我想去美國。
爸爸說：我想去英國。
兒子說：我想去小人國。

眼睛出汗

苗栗高中　**徐瑜伶**

「姊姊！你是不是很熱呀？」
「為什麼這樣問我呢？」
「妳的眼睛在出汗，不是嗎？」

冰淇淋

內壢高中　**吳芳真**

媽媽，
沒有吃飯不能吃冰淇淋，對不對？
媽媽，
太陽沒出來不能吃冰淇淋，對不對？
媽媽，
流鼻涕不能吃冰淇淋，對不對？
可是——

媽媽，您知道嗎？
我真的好想吃冰淇淋喔！

爲什麼

台中家商 **陳雅真**

「婿婿！你要做什麼？」
「我要去洗米。」
「洗米做什麼。」
「洗米做飯吃。」
「哦！為什麼要吃飯？」
「吃了飯才會長大啊！」
「為什麼要長大？」
「長大了才不會問婿婿『為什麼』呀？」

在教詩的過程中，如果能夠邊遊戲邊寫作，必定受到寫詩人的歡迎和喜愛。基於這種理念，每一場新詩創作教寫，我幾乎都是動作多於口述，點火替代解析，好讓新詩的火花，在每一個人的腦海中閃爍、開花，像煙火在藍空中綻放。

我手拿了一枚雞蛋，在掌心中把玩，在桌上滾動。玩呀玩的，玩出了一首詩，也玩出了一句妙想：太陽流出來了。由這首「蛋」詩的形成，大家一頓覺得寫詩不但不難，而且很好玩，還孵出了不少「蛋」詩。

蛋　三重高中　**江香嬋**

我喜歡滾來滾去。
當我惡作劇時，大家說我皮；
媽媽生氣了，罵我壞；
爸爸怨煩了，叫我滾；
不小心跌倒了，我的一生便完了。

蛋　大甲高中　**林玉珊**

太乙科技遙測，

圓滿的宇宙，
自成完美體系。
短暫時空存在，
旋復輪迴——
成　活潑羽化生命；
住　執著青殼不破；
敗　黃白流竄無道；
空　何來有此物？

接著，我又拿出蘋果當作「名模」，讓大家觀賞、把玩、聯想，大家也玩出了蘋果的害羞、醉酒、腮紅、氣喘、牛頓、白雪公主、平安之果……等的聯想。於是，又成就了許多的「蘋果詩」。

蘋果

中壢高中　**林美利**

蘋果喜歡掛在樹上日光浴

忘了擦防曬油
曬紅著臉
昏倒在地

蘋果

台東體高　**鍾鳳蘭**

那紅
是白雪公主的鴆
那圓
是牛頓的智慧
那心
卻是你我撕裂的離

蘋果

大甲高中　**林玉珊**

古老的惡之果

歷千萬年不老
依舊
火紅而多汁
削　褪去誘惑外表
咬　品嚐引人肉身
嚼　盡是生命滋味
何辜有罪至此？
竟是紅顏天妒？

蘋果

三重高中　**江香嬋**

古老的惡之果
把心剖成兩半
要你好好看著
一清二白
　　盼

知所珍惜
別等到泛黃記憶
才　後悔莫及

蘋果之後，我又拿出各樣蔬果，擺出各種寫詩的姿態、解析其特色，讓老師們切入、聯想。例如香蕉，豎立向前像鞠躬、側立像老人的背、躺著像船、臥著像伏地挺身、高高舉起像天上的月亮、剝下外皮又像美人出浴。……這些平日司空見慣的蔬果，經我這麼一「挑逗」，大家的詩興因而大發。

記水果詩課堂一隅

竹南高中　**劉秀美**

詩思是個頑皮小孩
它　蕩漾在香蕉的微笑裡
　暈開在蘋果的紅通臉龐
它藏在昏昏欲睡的　我的午后思維裡
它跳躍在年過半百老師　赤子的熱誠中

月亮

新店高中　許靜宜

一彎香蕉掛在夜空
只是今晚的風太涼
連小魔女也騎著飛天掃把躲起來
香蕉寂寞得哭了
眼淚灑滿蒼芎
一閃一閃　低聲
嗚咽著

燒番麥

斗六高中　余瑞如

金黃制服的小兵們
　排列整齊
　排列整齊

準備隨時衝上戰場
　在水中打滾
　在火上匍匐
只待一聲令下
「老闆，我要一根！」

洋蔥

金門高中　**洪麗淑**

終是外來的媳婦
紅紗覆面
只為進家門
請不要探問我花轎底心事
眼淚是我的層層包裹
佳餚是我嚮往的宿命

奇異果

新店高中　許靜宜

別以為我是——
發了霉的雞蛋。
我只是用毛毯　裹住
滿懷的綠寶石。

荔枝

嘉義女中　彭壽綺

當柔荑以纖纖之姿
挑破紅色蠱惑時
戰鼓　在
遠方
咚！咚！……
敲　醒

盛唐的江山
明皇的浪漫

品嚐完了蔬果詩的饗宴之後，我分別隨手拿起了紙杯、礦泉水、書、筆；指著頭頂的電燈、電扇；壁上的時鐘、溫度計，甚至於手上的麥克風，一一作為演示教寫的詩材，分析詩材的特色，寫詩的罩門所在，帶引他們可從那兒切入，怎麼去聯想。每樣事物先讓他們有幾秒鐘的自我思索，再從旁激發靈思的火花，並利用投影片打出相關的雋永小詩，作為催化的動力。正如同名詩人白靈說的：「一首詩的誕生，是靠一隻鼻子找到一張臉；憑一根腳趾找到一條腿。」詩教者的責任就是幫他們去找鼻子、去尋獲腳趾，至於整首詩的誕生，就由他們自己去陣痛吧！

秒針

台中二中　**姜淑敏**

長腳短腿前後走，
兩人同心不同步；
為什麼你們動也不動？

我卻追得好辛苦！

火車

玉里高中　**張坤城**

奔馳在鐵軌上的黑龍
一路上抽著菸
躍過平原
穿過山洞
跌落在地平線上

顏料

新豐高中　**王儷芬**

瘦了自己
肥了畫布
展在美術館
撞痛了藝評家的眼

風

中壢高中　**林美利**

風的媽媽一定很兇，
猛打風兒的屁股。
風兒哭著來敲我家的門，
想要溜進來，
當我媽的乖小孩。

擺

溪湖高中　**黃俊龍**

人哪——
總是為愛恨情讎
糾纏　　就像
蹺蹺板的兩端
擺不平

有不少的名詩人，都認為多閱讀好詩，可以刺激寫詩的靈感，我也一直有同樣的看法。因此，「由可愛的名家小詩引出少年詩」，在新詩教寫中，常是我的「撇步」。這次，除了引用商禽的〈眉〉、鍾順文的〈山〉、覃子豪的〈貝殼〉、紀弦的〈雕刻家〉外，還投影打出非馬的〈蛇〉、萬志為的〈破靜〉、蕭蕭的〈白楊〉、夏宇的〈甜蜜的復仇〉、和焦桐的〈雙人床〉……。這麼多的可愛小詩，期望他們大量品賞、廣為觸發，海闊天空地來一場新詩饗宴。

寂寞

嘉義女中　**彭壽綺**

馮至說：
寂寞是一條蛇；
我說：
寂寞是一塊磁鐵。
在　茫茫人海，
在　芸芸眾生，

誰是知己？　寂寞
如影相隨。

八卦事件

溪湖高中　**陳俊龍**

為何主角不是胡適和他的母親？
慈愛地將小兒的眼翳
　輕輕舔去
　暖暖溫馨
這一次的舌頭
卻舔在每個人的心裡
　陣陣漣漪
　絲絲噁心

初戀

馬公高中　林麗苓

初戀像茶葉，
與熱水纏綣、纏綿；
滾燙、濃烈，
讓人無法掌握。
降溫了，
再怎麼努力，
也找不回——
最初的滋味。

春天

台東體高　鍾鳳蘭

春天穿上綠衣裳，
太陽為她貼滿亮片。

春天感激地說：
我把一地的花——
送給你。

睡美人

卓蘭實中　**葉雪萍**

一場夢幻的遊戲
在睡美人的城堡中
千年的枋錘
幻化了無數的花草
啊！那錐刺的痛楚
可有王子的親吻？

對於初次寫詩，或久未動筆寫詩的人，我常用赫曼赫塞的一句話：「寫一首壞詩的樂趣，遠超過讀一首好詩。」來鼓勵他們勇敢地拿起筆，下定決心寫上一、二首，寫完之後，必然會覺得寫詩並不難，而且蠻好玩的。尤其是國文老師，非經歷過這種寫詩的陣痛不可，因為自己不曾寫、不會寫，哪來的勇氣指導學生寫詩？很欣慰的，每一場新詩教寫的研習，經我一番鼓吹和激勵，與會的老師們幾乎都能寫上一、二首，甚至於從此愛上了新詩，成為新詩教寫的一顆閃亮種子，散播到各縣市、各學校，在原本荒蕪的中學生新詩園地裡，發芽茁壯、開花結果。像這次高中老師繳出來的詩作，就多達一百多首，因為篇幅的限制，只能選擇風格特殊、風趣有味的部分作品，提供給大家分享。

在一大疊的詩作中，最讓我眼睛發亮，微笑不已的，該是有一大票的老師們，活生生地把「拼詩」的心路歷程，硬把它寫成一首首的新詩，來抒發心中的煎熬和陣痛。寫出來的詩作，真是趣味橫生、可愛至極。不信?!請看：

爲了一首詩

旗美高中　**黃文娟**

靜坐一下午，
只為了——
你的蒞臨。
可偏偏——
腸枯思竭，

無一字是「詩」。

追尋

花蓮女中　**徐育敏**

找了滿地的鉛字，
我在等待裡追尋；
　在追尋中　等待，
只為堆砌出長長短短的
一首詩。
啊！　親愛的
神聖的繆思，
請不要挑眉弄眼
撇首而去……。

作業——詩一首

台南一中　李思陶

老師說：要繳一首新詩。
我很急——
時間一分一秒地過去；
我的心——
卻像綳緊的發條，
動彈不得。
靈感啊！
求求您——
給我點上一滴油吧！

和靈感捉迷藏

潮州高中　李伯恩

滋啦滋啦！

我的腦袋有火花；
啪啦啪啦！
筆和紙張在跳探戈；
哇啦哇啦！
瑞景老師在比手畫腳。
火花在腦裡，
火花在嘴裡，
火花跳到手上，
變成燙手的墨水，
寫在本子上。
腦袋裡的頑皮小精靈，
從本子上又跳回到童年的
回憶盒裡。

詩與我

內壢高中　吳芳真

不必喝長江水，
不需吃白玉苦瓜，
不用高唱：
「我不是歸人，只是個過客。」
因為明天，
我就要回家。
詩，有什麼好神氣！

談到寫詩的靈感，我常借用余光中先生的「追等」理論。他說：「『靈感』是潛思冥想之餘的豁然貫通。也就是『追求』已久，終於『等到』的東西」（取材自〈余光中詩選・序文〉）。像花蓮女中徐老師的〈追尋〉、台南一中李老師的〈作業〉，以及潮州高中李老師的〈和靈感捉迷藏〉等，甚至於文中所列舉的每一首詩，都是追求多時而等到的作品。在這追獵的過程中，我看到與會的老師們，個個興致勃勃、全神貫注的精神，實在令我感動不已。

所「追等」出來的每一首詩，更令人激賞，因此樂於提供同好分享。

動腦與回饋

一、請問高中老師的水果詩水平高不高？你最喜歡哪一首？哪幾句你最欣賞？

二、詩人白靈說：「一首詩的誕生，是靠一隻鼻子找到一張臉；憑一根腳趾找到一條腿。」請問：「一隻鼻子」、「一根腳趾」指的是什麼？

三、詩人赫曼赫塞說：「寫一首壞詩的樂趣，遠超過讀一首好詩。」依你寫詩的經驗，有否感同身受？

四、讀完本文，相信你對童話詩和「拼詩」的心路歷程部分，特別會有「感動」?!請你就這兩部分各試寫一首詩。

題目：

燃起高職老師新詩創作教寫的火種

電視新聞

彰師附工　**王中傳**

媽：這新聞真是恐怖到了極點！
妹：真是恐怖到了八點。
爸：為什麼是八點？
妹：因為新聞到了八點就演完了。

小叮噹長大了

岡山農工　**許銘原**

甥：卡通「哆啦A夢」好好看喔！

舅：不對！那是機器貓小叮噹。

甥：大舅舅你亂說，電視上明明說是「哆啦A夢」。

舅：可是我小時候，他的名字就叫「小叮噹」。

甥：哦！原來小叮噹長大後，就叫「哆啦A夢」啊！

民國九十一年十月十六日和高中國文老師，切磋過「新詩創作教寫及其理論」的隔一個星期的十月三十日，我又來到台灣省中等教師研習會租借在台中漢翔航太中心的研習教室，和七十幾位來自全省各國立高職的國文老師，再度切磋同樣的講題。

經過課前調查得知：高職國文老師上完新詩課文後，會指導學生習作新詩的有九位，比高中老師多出五位；課餘會經常看詩、寫詩的有三位，破了高中老師的「鴨蛋」記錄。再詢問在場的老師，今後對輔導學生習作新詩的意願時，幾乎每位老師都有很高昂的興趣，個個似乎躍躍欲試。這或許是在升學的壓力上，高職老師比高中老師較輕緩的緣故。

因為有了上次與高中老師切磋的經驗，更讓我懂得：為了使大多數久未碰詩、寫詩的高職國文老師，對新詩建立信心，培養寫詩的興趣，我特地把我兩位金孫的童言童語改寫成的逗趣「童話詩」，作為新詩教寫的「開胃菜」，讓他們在笑聲連連的氣氛下，忘卻初嚐寫詩的驚悸。沒想到經這麼一次引導，他們竟然童心大發，寫下了許多的童話詩，不但詩味十足，而且童趣無窮，像文前的兩首，不是很好玩、很逗趣嗎？

這次，我丟出上次高中老師未成詩的「童話」，作為寫詩的「引子」，請需要紓解的老師們動動腦。然後，再由童話詩帶引老師們創作童詩，讓他們回味童年的興趣。

冬天

東勢高工 **莊麗卿**

冬天的風
最怕冷
老愛往人的
懷裡鑽

公車

善化高中 **吳秋嫻**

公車是愛吃人的妖怪，
把人一個個吞進肚子裡。
我實在看不下去，

便用力地戳他的肚臍，
公車痛得吱吱叫，
就把大家都吐了出來。

分數

新營高工　**林寶華**

當我考滿分時，
媽媽是美麗的公主；
當我考零分時，
媽媽是猙獰的巫婆。
哇！我現在才知道——
分數比魔術師更厲害。

時間

崇實高工　**盧麗珠**

在我遊戲時，

它是個飛毛腿；
在我練琴時，
它像隻老烏龜。
誰說時間最公正？
它分明是個愛作對的
討厭鬼！

黑板

頭城家商　**王淑貞**

老師總喜歡在妳臉上化妝，
又要我們天天幫妳擦乾淨。
我擦　我擦　我用力擦——
擦得我滿身是白，
妳卻依然一臉黑。

高職的國文老師，能寫出這麼有品味的童詩，真是出乎我的意料之外。以下是以「器皿」

為主題創作的少年詩。

洗衣機

員林農工　唐干茹

我家有隻寵物；
體型很龐大，
聲音很宏亮，
我們都餵牠吃衣服。

原子筆

豐原高商　王桂蘭

我滿肚子苦水
不吐不快
邀來一張張紙朋友
一點一滴地向她們
傾訴

紙

北斗家商 謝色

我雖像藍天的白雲，
我也像海上的浪花。
但是——
我沒有白雲的婀娜多姿，
也沒有浪花的千變萬化。
只能任憑你——
　隨意塗鴉，
　　傾吐情意。
終於——
我也有了彩色人生。

時鐘

東港海事　**盧雅琪**

分針愛時針
加緊腳步追不停
時針走一步
分針跑一圈
終於
十二點到了
傳來喜訊
噹！噹！噹！

路燈

宜蘭高商　**林慧玲**

路燈是個盡責的勇士
當太陽離開人間

黑夜毫不客氣地猛撲大地
他總是堅強　勇敢
在路旁　在鄉野　在田間
為人們撐起一片光亮
守護所有夜歸人

從事新詩創作教寫以來，我一直認為：多閱讀名家好詩，可以使寫詩的慾念產生火花，再由這些火花點燃、引爆成詩篇。所以「名家妙詩引『詩』出洞」，是我新詩教寫常用的招術，而且屢試不爽，頗有績效。下列詩作，就是很好的「詩」證。

上新詩創作課

台南高農　**李秋蓉**

孔子說：玩泥巴的滋味要問三歲的小孩。
老師說：要有小孩的心才能寫詩。
但是課堂上沒有泥巴玩，

我是不是該動手術——
換心？

隔壁班的女孩

新竹高工　郭信廷

下課鐘聲響起，
葡萄酒般的容顏，
忍不住多看了兩眼。
啊——
誰能扶我一把。

擠破的青春痘

淡水商工　黃怡蓁

昨夜——
愛麗絲來到夢裡，
在我臉上留下翩翩舞影。

今晨——
愛麗絲不見蹤影，
只剩下遺落的紅舞鞋，
兀自踩出懊悔的窟窿。

灰塵

羅東高工　**范慧綺**

我愛風也愛雨。
風中我可以飛翔，
乍然衝進妳的眼睛；
雨中我可以等在路旁，
伺機躍上妳的裙襬，
與妳同行。

髮

嘉義高工　陳怡之

原本是中國水墨畫，
濃稠的墨裡，透著誘人的墨香。
自從喝了洋墨水，
金的、黃的、紅的……
卻發酵出腥辣的西洋油畫。

九二一

水里商工　許定邦

台灣的心臟
心律不整
九九峰很害怕
抖落一襲青翠的外衣
房屋過度驚嚇

兩腿發軟
暈倒在地

中秋節

基隆海事　葉淑滿

中秋節烤肉節；
街頭　　巷尾
簷　　下
屋
頂
到處都是煙
薰得月娘
一邊流淚
一邊猶抱薄雲
半
遮

面

車臣之女（節錄）

基隆商工　江秋麗

我是卑微的車臣之女，
在真主的庇護下，
乞求一個小小的夢！
夢中有家——
沒有斷壁頹垣中的驚惶；
夢中有子——
沒有戰火夢魘中的哭嚎。
真主啊！應允是您的慷慨！

※　※　※

我是車臣之女，
坐在莫斯科劇院的椅子上仰首
望您——真主阿拉。

微笑裡　我望見——
故鄉滾滾的煙塵，和
孩子無邪的笑靨。……
飛身向您，
　卻驀然聞見自己雙手的羶味！
（作者註：有感於車臣女暴徒被擊斃於劇院坐椅，仰首無語的畫面而作。）

油桐花語

羅東高商　**張秀玉**

是誰　纖細的心悄悄地
　以白絹刺繡點綴
是誰　在不眠的深夜
　將白粉灑落在花青上
年少與白首的結盟
　是但丁神曲
沉默的　守候

※　※　※

你以天女散花的舞姿
　一路相迎
等不及五月的盟約
依戀四月的穀雨
　急急飄下
我立在你的腰際
　等待
　掬起
一小朵　一小朵
雪白翻飛的靈魂
躡足行過
唯恐踩碎
　天地
最聖潔的詩篇

※　※　※

當你年老青絲已成雪
　　是否　記得
這一季　油桐花語

動腦與回饋

一、本文前的兩首童話詩，都很有趣、很好笑，有趣、好笑的是哪幾句？為什麼？請把原因寫下來。

二、冬天的風擬人化以後，除了「最怕冷」之外，還可想成「最調皮」、「最殘忍」……等，另寫出不同內容的新詩。你不妨試寫看看！

三、詩人李敏勇很重視名家好詩的閱讀，請問多讀好詩，對寫詩有什麼幫助？

四、「車臣之女」的夢想是什麼？她的夢想最後有否如願？

題目：

叁、附錄　迴響

以創意作文教學引燃創意的作文火花

「問渠那得清如許，為有源頭活水來。」

從這場精彩的講授課中，的確見識到「創意作文教學」的過人之處。題綱所臚列的二十五項「創意作文教學」的主題中，最讓我印象深刻的是「逆向思考作文」與「活用課文名言佳句」。何以如此？這得歸因於老師提供了一個反思的空間與哲理，不啻引領學生一條仔細思量、咀嚼再三的韻味。唉！真是超ㄅㄧˋㄤ的想法啊！

——台中市忠明高中　蔡志偉

民國九十二年的二月二十六日下午，筆者應教育部台灣省中等學校教師研習會的邀請，來到研習會位於台中漢翔航太中心的教室，和八十幾位來自全省各縣市（包括臺北市）的國中、高中職老師，講授「創意作文教學研究」。一堂三小時的課程中，筆者把三十多年來，在作文教學方面，自認為較有創意的作文新點子，列舉出二十五種教學活動設計，一邊教學演示，一邊分享經驗，觸動老師們的靈思，激發出作文的創意火花，並要求他們隨時把創意火花寫下來，最後還得另用一張稿紙寫下研習心得。文前的這段話，是來自台中市忠明高中的蔡志偉老師所寫的研習心得。

在二十五種創意作文中，有「看影片寫作文」的視覺作文、「難忘恐怖箱」的觸覺作文，以及「吃萬巒豬腳」的味覺作文，卻獨獨漏列了「聽覺作文」。因而觸發了蔡老師對「聽覺作文」的創意火花。

> 有機會的話，在課堂上播放一首音樂，諸如水晶音樂、自然音樂，抑或樂器音樂，讓學生聆聽其中的意境。舉例來說，播放「十面埋伏」（白居易〈琵琶行並序〉），可以從急促、蕭瑟的琵琶聲中，窺探出其隱含之趣而寫下作文。

第一節

在創意作文教學演示中，首先登場的是「看影片寫作文」。因為是下午一點半上課，老師們的睡意尚濃，所以先放映劇情逗趣、好看的生態保育短片「大自然與愛的對話——造訪獼猴爸爸」，讓老師們提提神，也讓他們領教一下「創意作文」的魅力。

「看影片寫作文」，這個想法由林瑞景老師說來，讓我著實地感受到它的魅力。在國中國文第一冊之課文中，有篇〈飛鼠大學〉一文，而三立電視台也有關於這個主題的單元節目「在台灣的故事」。所以在作文課中，讓孩子們欣賞短片，再讓他們動筆寫作。而在今天，我也如同孩子一般受林老師之教導，願這些美麗的種子，能藉由我如春風般的角色，讓美麗的花朵開滿校園。

（台中市育英國中，陳季秦）

今天下午的課程中，印象最深刻的就是「看影片寫作文」。原本看到影片名《獼猴爸爸》，只覺得這是環保、保育類的影片，沒有多大興趣，但是看了之後，真的令我很感動影片中林先生的心懷。我想，時下有許多孩子實在缺乏這分心，甚至連我也是缺乏的，若能藉此觀賞活動，而對這些未來的主人翁有更深一層的啟發，也是國文教學中最重要的情意教學。

（彰化市彰興國中，江麗雯）

在眾多的點子中，我最欣賞「看影片寫作文」。原來看影片也能讓人觸發對大自然的關懷，進而保護大自然。回去之後，要好好運用林老師的點子，用在教學上，相信學生一定可以眼睛發亮。

（苗栗縣維真國中，劉采玟）

一整個下午的課程當中，最令人動容的莫過於《獮猴爸爸》之影片分享了。我相信孩子們也定會喜愛這種很有教育性，卻又不失趣味性的心靈饗宴吧！透過一個平凡「阿伯」的口述，織就出二十多分鐘完整的感人故事，不論從生態環保、情感交流、回饋社會等各種角度去看、去思考，都是一個值得應用在作文教學上的好教材。希望在這次研習後，將此豐富的感受也能讓孩子們體會。

（嘉義市北園國中，阮惠娟）

阮老師除了心得之外，也爆出了作文火花：

【看照片寫（說）故事】

請同學回家挑選一張全家福，或具有特殊意義的相片，利用作文課時，就照片作故事簡介，或透過回顧童年往事，作一次感恩、惜福之旅。

來自澎湖馬公國中的鮑淑娟老師，更興奮地好像發現新大陸似的：

沒想到作文課還可以如此的多元化，假如國文老師能夠透過創意思考來引導學生寫作，相信作文課將成為學生的最愛。像「看電影寫作文」，不但帶給學生很豐富、很深刻的感動，而且還可以激發他們內心深處作真摯的激盪，同時也激盪出我的作文火花，例如看圖寫故事、聽流行歌曲寫作文等……。只要平日多動動腦，便可以多些靈感。

很令人意外的，竟然還在文化大學就讀的林寧鴻同學，也來到研習會摻一腳：

影片給我的印象最深刻，尤其是林老先生所說的一句話：「如果少了這些動物，那我們的生活就不好玩了！」，「玩」這個字、真的嚇到我了，彷彿活到了現在，卻迷失了自我一樣，不知道自己追逐的是什麼？原來自己所欠缺的，竟然是當初所擁有的東西——自然。

這部影片所強調的是「大自然與愛的對話」，因而也使年輕的林同學，激起了創意的火花，例如【如果我能跟○○說話（如果○○能聽我說話）】。

說話的對象，不管是動物、植物，人或大自然都可以，只要有話說、說得真誠、說得有理，而且感動人，便是篇好作文。老師便可從中了解孩子的想法、心聲，然後循循善誘。

從高雄縣文山高中來的陳琬琦老師，看了影片之後，有感而發的強調：「自然界萬物皆有情，只要我們善待它。獮猴爸爸的純真，獮猴的銘感於心，到保護區的成立，小至一花一草的感情，大到對社會、國家的關愛。……點點滴滴，記憶深刻」。同時也擦出了作文的創意火花：

【黑點與框框】

請學生在紙上點上一些黑點和一個框框，框內框外都有黑點。然後請同學隨意找出一些黑點，連成奇奇怪怪的「幾何圖形」，因此導引出學生的思維——不要被框框限制住，創意是無邊無際的。

「看影片寫作文」的教學演示，普遍受到老師們的喜愛和熱烈的迴響，回饋的文章還有很多，限於篇幅，只得忍痛割愛。但有一篇「心得」，卻讓我無法割捨，因為它寫出了老師們觀賞《獼猴爸爸》之後，出之內心的共同心聲。

看過這支影片之後，讓我打從心裡感動，甚至有點熱淚盈眶。在生態不斷被人類破壞殆盡的現在，竟有人守護著一群獼猴而無怨無悔，真心的付出，且風雨無阻。如果讓同學觀賞這支影片，不但可以讓學生有新鮮的感覺，也可以增加他們一些生態保育的觀念，以「寓教於樂」的方式教學，相信能使學生更有收穫。

（台北市重慶國中，洪巧穎）

「看影片寫作文」的活動設計，筆者所以用一整節的時間，作一次完整的教學演示，主要是期望老師們對「創意作文教學」，得到清晰而完整的教學概念。從以上的「心得」回饋，可以略知老師們的認真和熱忱。至於收穫呢？就請老師自己來說，免得有「老王賣瓜」之嫌。

今天上了老師的「創意作文教學」，猶如吃了一席色、香、味俱全的酒席，不但味道鮮美，更是齒頰留香，為回校後，在作文教學上注入更多的新意，感謝老師。尤其看影片寫作文《獼猴爸爸》最為深刻，除了寫作上的收穫外，又能帶給學生重視生態保育的正確觀念。

（澎湖縣文光國中，薛淑靜）

看似簡單的方法，何以未曾發現？感恩您的啟發和帶領。相信往後會更有創意的教學！謝謝您，老師。

（南投縣大成國中，張王秀）

第二節

第二節課，筆者安排幾種比較受年輕學子喜愛的創意作文教學設計。譬如：「作文課像記者會」；永生難忘的「恐怖箱」（觸覺作文）；口齒留香的「萬巒豬腳」、邊吃冰邊寫作文的「吃冰的滋味」（味覺作文）；「不是母親節的日子」（逆向思考作文）；「活用課文名言佳句」，以及為了滿足少年仔的愛秀欲，而設計的「心愛物展示」和「臭彈秀」等。

教學演示中，只是重點介紹創意形成的緣由、作文引導的技巧，並把個人教學經驗分享給在座的老師們。每介紹完一種新點子，都會留下一點空檔，要他們腦力激盪，爆出創意火花，寫下研習心得。總是盼望他們用心投入，汲取活水，泉湧在往後的教學上。而他們認真積極、誠懇學習的態度，著實令人感佩。爆發出來的創意火花，激盪出來的研習心得，更是令人激賞。今選錄幾則，提供讀者參考，也希望帶給您一股活水泉湧。

我最喜歡林老師所介紹的「恐怖箱」（觸覺作文）。感覺林老師的教學創意真是ㄅㄧㄤˋ到極點。很用心也很有巧思，再加上有一顆赤子之心，竟能將作文教學變化得有如萬花筒一般，實是令人好生佩服。我相信，只要肯用心，定能在平凡無奇的事物中，去挖掘出無價的寶藏！林老師！感謝您的醍醐灌頂！

（嘉義市民生國中，孫上雯）

我很喜歡老師的兩個點子：「作文課像記者會」、「活用課文名言佳句」。這兩個點子其實我都有思考過，只是一直苦於不知該從何進行，聽完老師您的經驗分享，讓我茅塞頓開，給了我去執行此點子的決心！

（台北縣三芝國中，陳玟璇）

林老師很注重教學情境的引導，在「恐怖箱」這個教學主題，先挑起恐怖的情緒，製造學生自己嚇自己的氣氛。然後，再實際的讓學生自己去親身感受，一步步引導，像「吃冰的滋味」亦然。不但教學題材富有創意，讓人一新耳目，還有情境的引導，幫助學生分解想法、構想的組成……，是我在此場研習過程中，體會到的教學法。也經由老師的引發，個人想到：可設計成「多感官作文」主題。譬如：【歌唱模仿秀】、【味覺大考驗】、【這樣的味道像什麼？】（酸甜苦辣果汁）。

（台北縣五股國中，黃意惠）

「恐怖箱」的最大功用，是藉由觸覺作文，可以讓學生們了解到自己的心情起伏，在一個未知的環境及不安的箱子裡，求得自己的感受。教師也可經由這次的教學，給予學生很大的反省空間，老師也能經由學生的回饋，而從中學到一個省思，真可所謂「教學相長」。

（基隆聖心中學實習教師，楊莉蘋）

我最喜歡的創意作文教學方式是「逆向思考作文」。在常態中轉個彎，做腦力激盪，可以有另類思考，而產生更多的創意。相同的題材，換個不一樣的題目，或許更能引起學生的作文意願。

（台南縣西港國中，王靜雯）

印象最深刻的是「恐怖箱」（觸覺作文）的說明過程。當老師提到學生期待的場景時，很有畫面感；另外「吃冰的滋味」提到整個吃冰的「步驟分析」過程，也頗令人感同身受。

上課最大的啟發則是——作文前的醞釀期是決定成敗的關鍵！在聽老師的經驗分享時，發現「活動設計」是很重要的一環。因此，此刻也開始回想起之前的教學中，有些活動可與作文結合：

一、緩降機實際操作（童軍），寫出由高空緩緩下降的感覺。

二、同樂會時，將國一新生，一直到最近的活動集錦照片，以數位相機連線到電視的方式播映給同學看，然後寫出「驀然回首」。

三、國二上時，曾跟同學談及未來畢業後的前途抉擇，共同訂下作文題目：「遇見兩年後的我」。

四、國二下第一課「春」，配合「繪下心中那幅春」的繪圖活動，作文也可寫下「心中的那幅春」。

（宜蘭縣礁溪國中，趙英喬）

【圖文式的創意作文】

請孩子們準備半張A4大小的白紙，指導他們隨意寫段文字，然後以圖像、色筆或其他媒材來呈現，凸顯文字的意涵。文字可用名言佳句或節自創富哲理的話。課前應準備範例。如下圖〈襪子〉：

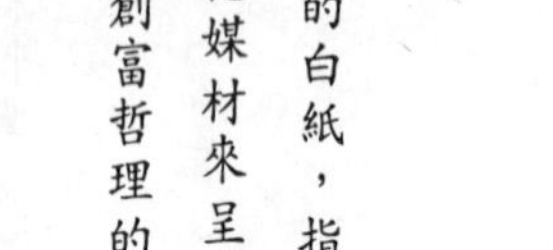
愛情就像襪子
一旦弄丟了一隻
也就沒有意義了……

（台北縣五股國中，沈承逸）

「課文名言佳句啟示錄」，是我研習之後覺得最受用的創意作文，因為過去在教學過程中，只是提醒學生那些句子很優美、很重要，但是很少進一步在作文課中，指導學生活用這些美言名句，因此學生的作文材料就顯得很少，同時也無法多加反覆利用這些課堂中所學到的佳句，這樣就失去了學以致用，或是知識帶著走的用意了。而且，學生也無法反覆思考、咀嚼這些作家寫這些句子的用意或用心。

（台南縣關廟國中，郭立明）

【創意火花】

①廣告詞聯想。

②網路用語大會串。

③歌詞創作。

④看漫畫寫作文。

【愛上一個作家】

由課本、報章雜誌、網路等，找個心儀的作家，化為真實人物，與其對談，為他寫下記錄。如《人間四月天》的徐志摩，《臨水照花人》的張愛玲。

上林瑞景老師的作文課收穫匪淺，其中「逆向思考作文」是我挺感興趣的。有感於現在的學生學習態度的低落，對周圍事物缺乏關心，因此這類的作文模式，可刺激學生多思考。另外「味覺作文」是我一直想嘗試，卻遲遲未實際著手，今天研習之後，更激發我的動機。總之，林老師琳瑯滿目的創意思考作文點子，令人自嘆弗如，這趟的研習讓我有「入寶山，滿滿回」的收穫。

（高雄縣一甲國中，楊淑玲）

第三節

第三節是最末一堂課，因為要勻出部分時間，給老師們整理創意火花、研習心得，以及幫老師們解決疑解雜症，所以把剩下的創意作文新點子，以蜻蜓點水、畫龍點睛的方式一一介紹出來。計有：「什麼水果（動物）最像我」、「發人深省的先民智慧諺語」、「感性生活散文寫作」、「左右為難的情境作文」、「兩性教育」、「新聞追追追」、「可以上電視的作文課」、「看電影寫影評」、「帶你進入小說殿堂」、「教你怎樣編寫劇本」、「令人懷念的童玩與童事」、「從電視中找作文題材」、「遊覽環保公園」，以及「不一樣的讀書心得寫作等」。

林老師的「創意作文教學」，真的是點子多，又富有創意。其中「感性的生活散文寫作」可以激發孩子用心感受生活，關心人、事、物，為生活注入感情，深刻感受這世界的美好，這是現代孩子相當需要增強的。

（台中縣長億高中，吳琇梅）

在「創意作文教學」課程中，我最感興趣的是「演話劇」、「可以上電視的作文課」。曾經在班上帶過話劇，但總覺得最後的結束，似乎沒有積極的思考價值。希望回校之後，能再重新思考作文課的安排，讓整學期的作文課內容更生動、活潑，帶動孩子獨立思考，引發心中的火花。

（桃園縣瑞原國中，謝偉英）

我最喜歡情境作文這個新點子。在日常生活中，我們總或多或少會遇到些左右為難的情況，藉由這樣的作文，可以更了解孩子的想法、個性。此外，更可以和道德教育作結合、統整，澄清孩子們偏頗的價值觀。

（台北縣三芝國中，何怡儒）

【作文火花】——左右為難的情境作文設計：

①作弊 vs. 不作弊。

②染髮 vs. 髮禁。

③讓座 vs. 假裝睡覺。

（新竹市成德中學，曾淑雯）

現在國中已沒有作文課了，所以無法播放一部完整的影片供給學生觀看。但若能透過畫面直接刺激孩子們思考及反省，何樂而不為呢？例如：分享一部廣告、一段動畫。只花不到十分鐘左右的時間，卻也有不同以往的亮眼感覺，這樣也能常帶給學生一種觸發。

（台北縣五股國中，陳桂玲）

【顛覆歷史的創意火花】

透過電視「喉糖廣告」，以「孟姜女哭倒長城」為背景，共同討論顛覆歷史的創意廣告，所產生的震撼（笑果），而寫下的創意作文，必將是難得的作文傑作。

（桃園縣內壢國中，宋美玉）

新聞追追追、左右為難的情境、觸覺與味覺的寫作，這些都是我們生活中常遇到的情境。但我們卻忽略了這些也可以做為一種作文題材，反而訂定一些學生不知如何下筆的題目，也難怪寫出來的文章無法扣人心弦。

（台中高農實習老師，陳明媚）

【創意火花】

①味覺作文：我想在課堂上教學生做巧克力，之前可請學生蒐集相關的知識，再結合實際動手做後的樂趣，最末是感想。

（嘉義市嘉義國中，林靜瑜）

②邊玩邊寫作：從「玩」中，引發學生的寫作動機，以他們生活裡最重要之事——電玩、影劇新聞、交網友等，去找尋靈感，並加以引導，適度的提醒，讓學生快樂地學習作文。

（桃園縣瑞原國中，謝偉美）

③我的自畫像：每人自備鏡子一面，二人一組互相觀察討論，並鼓勵展現各種不同的表情，先用筆素描自己的模樣，再寫下「我的自畫像」。

（台中市育英國中，陳季秦）

對於如何教導學生寫作文，在上林老師的課前，我常在想如何才能讓學生在愉快的學習氣圍中，增進語文表達能力。現在上了林老師的課之後，我的問題和疑惑都已有了答案，那滋味如同醍醐灌頂的舒暢。因為老師的引導，也激發出了我的「創意火花」，敬請老師修正指教。

【數學遊戲的創意作文】

請問同學如何使下列算式成立？（只能加一筆）

5＋5＋5=550

Ans: 545＋5=550

1. 請同學先寫下對數學科的觀感或印象。
2. 題目公佈之後的當下反應如何？
3. 對此題目的可能解題方式。
4. 寫下百思不解的感受。
5. 寫下老師正式公布答案後的感覺。
6. 寫下從思考到結束活動的啟示及感想。
7. 對本次作文方式的評價或看法。

（台北縣明德高中，陳淑青）

從民國八十五年起，筆者幾乎每年都會到台灣中等教師研習會擔任講座，也經常應邀到各縣市、各國高中、師院的研習會上，擔任教學演示的工作，主講「創意作文與新詩教寫」。從事新詩教寫詩，與會的老師至少都會有一首以上的新詩創作；至於創意作文教學時，只要求臨結束前，繳交研習心得，從未要求寫下「創意的作文火花」。這一次是「大姑娘上花轎」頭一遭，沒想到，成果是這麼的豐碩。

回首前文，洋洋灑灑已經寫了十四張稿紙，可是手邊老師的辛苦傑作，卻尚有一大疊未寫在文中，心中實在不捨，也甚感歉疚。好在，這一群可愛可敬的老師們，他們已經自動自發地把「創意的作文火花」通通整理在「教育部台灣省中等學校教師研習會」（http://www.isst.edu.tw/）的網站上，如果還不夠癮或有需要的讀者，可以上網去查閱。

動腦與回饋

一、看完了這麼多老師們的「看影片寫作文」的心得和火花，相信你也擦出了火花！「心動不如行動」，就請馬上提筆把火花記錄下來。

二、二十幾種的「創意作文」新點子，你最歡哪幾種？為什麼？

三、圖文式的創意作文很有意思，可否也請你繪圖設計一種教學活動？

四、「動腦與回饋」欄，無論是學生個人，或老師指導下的班級，若有不俗的創意火花和回饋，願給作者我分享，則請不吝寄下或來電，有機會尚可整理發表。

五、「創意作文與新詩教寫」以及「超ㄅㄧㄤˋ的創意作文與新詩教寫」兩本書，受到您的愛護和支持，甚為感謝，並敬請多賜指正。賜教處：屏東市廣東路452巷3號　TEL（08）7370336

題目：　心得，火花及其他

再版後記

《超ㄅㄧㄤˋ的創意作文及新詩教寫》一書，出版於民國九十年九月，是我從學校剛退下來不久的第一本書。這本書所以定名為「超ㄅㄧㄤˋ」，是因為它是《創意作文及新詩教寫》的姊妹著作，為了有所區隔起見，所以另外所加的詞；為什麼取名為「超ㄅㄧㄤˋ」，是因為出書的對象，除了老師之外，也特別為有志學習作文、新詩的學子所設計。當時E時代的年輕人，「超ㄅㄧㄤˋ」是他們的口頭禪，幫我出書的編輯小姐建議我採用這兩個字，因此書名就這樣定了下來。

不過，出書之後看看內容，在作文教學方面的份量是夠重了，但新詩教寫部份卻顯得有些單薄，內心覺得似乎不夠「超ㄅㄧㄤˋ」。因此，心中便許了個願：再版時一定要補強新詩教寫的內容。

這兩年多來，我大部份時間都投注在翰林國中國文課本上，因為參與編寫課本的緣故，所以經常到各縣市各學校和國文老師們接觸。有時候是為了課本編寫的說明會、疑難雜症的解答；有時候是應邀在研習會上作創意作文及新詩教寫的講授。每次出門，我都會帶「二創一超」（除上列兩本外，另加「創意作文批改」）三本著作上陣，讓與會的老師們傳閱、擁有。看過的老師們都讚不絕口，滿受老師們的喜愛。台南有位洪老師來信指出：

傳統作文教學引不起學生學習作文的興趣，更會視作文為一項苦差事。而您的作文多樣性的題型設計，活潑、有趣的教學活動，必能引起學生的共鳴，進而喜歡作文。其次是新詩教學的導引，激發學生創作新詩的成果，更值得吾人激賞。這真是本作文教學與新詩教寫的好素材。

因為受到老師、學生們的歡迎，所以「超」書一直銷售不錯。老實說，對於書的銷售情形，我並不太在意，最在意的是讀者對於讀後的感受和收穫。我一直衷心盼望：我的書能帶給老師們在作文教學上獲得更多的泉湧活水；帶給莘莘學子們對作文、新詩的學習，更有信心、更有興趣，進而會樂意往寫作方面鑽研。同樣的心情，在老師們的研習會上，更盡心盡力地把我多年的教學經驗、心得，傳授給與會的老師們。每次上完課，幾乎都會得到像澎湖縣文光國中薛淑靜老師、南投縣大成國中張王秀老師如下的讚賞：

——今天上了老師的「創意作文教學」，猶如吃了一席色、香、味俱全的酒席，不但味道鮮美，更是齒頰留香，為回校後，在作文教學上注入更多的新意，感謝老師。

——看似簡單的方法，何以未曾發現?感恩您的啟發和帶領，相信往後會有更創意的教學!謝謝您，老師。

由於九年教改的實施，無論是過去各高中的推甄考試，或是現今全國性的基本學力測驗，不考作文之後，作文教學在各校已經逐漸式微，尤其是學生國文上課時數減少，老師上課節數增加的政策實施以後，作文教學已是可有可無，全由國文老師自行決定，學校不硬性要求，因此作文課幾乎全面停擺。為了遷就現實，所以這兩年來，我在研習會的講授重點擺在「新詩創作教寫」上，風塵僕僕的跑遍全省各縣市，和國高中國文科教師相互切磋新詩創作的教學。也應教育部台灣省中等教師研習會的邀請，作兩次新詩教寫，及一次創意作文的講授，其間總共完成了四篇新詩教寫的報導，及一篇創意作文的「迴響」，來補強「超ㄅㄧㄤˋ」的內容，了卻當年出書時所許下的心願。再版後的此書相信更為「超ㄅㄧㄤˋ」。

兩年來，我所參與的大大小小研習會，不下三十個場次。在研習會後，老師們繳來的作品，除了有六個場次，寫了五篇報導外，其餘的詩作，還一疊疊的保存在公事包裡。所以當時沒有報導出來，不是匀不出時間，就是該場次精彩不俗的作品不足於成篇，因此才一直耽擱到現在。不過，我早已許下心願，等到編務工作告一段落後，會來一個大清倉，把好作品一系列的串聯起來報導。在這兒先向曾參與研習的老師們致歉，並敬請期待。也為了報答愛護此書的讀者能先睹為快，特別刊出十首詩趣盎然的作品，與您搶先分享：

香蕉

基隆市信義國中 **陳玉慈**

「月兒彎彎像香蕉……」
老師在黑板上，
教我們寫詩。
咦——
香蕉怎麼跑到老師的臉上去了？

香菸

基隆市信義國中 **齊環琛**

因為你說不可一日無我
我甘心引火焚心
以為這樣就會是你的唯一
想不到
燃燒過頭的我
竟是被你隨手丟棄

燈塔與港口

台北縣板橋國中 **陳莉婷**

我是在海上航行的船
爸爸是燈塔
指引我方向　屹立不搖
媽媽是港口
在我歸航的時候
停泊在她的懷抱

蕃茄

台北縣丹鳳國中 **陳靜薇**

我自西域來，
既當果，
又當菜，

任勞任怨千百年。
終於在二〇〇二年，
真正紅遍半邊天。

釋迦

嘉義市大業國中　**高美惠**

即使被撞得滿頭疤
仍要追求一向堅持的真理——
那在內心深處的
黑就是黑
白就是白

照相機

台東縣新港國中　**謝秀惠**

在我心中，
妳是惟一的主角；
在我眼中，
妳的身影總是美麗；
帶著忐忑的心情，
在妳身旁徘徊；
當妳回眸一笑，
我總是想抓住那永恆的剎那。

向日葵

雲林縣莿桐國中　**陳秀紅**

我們是一群士兵
排列整齊
表情一致
向太陽行注目禮

眉

雲林縣水上國中　**潘智薇**

你往東邊走
我往西邊去
中間隔著一座蒜頭山
從今以後分道揚鑣
永不回頭

水果王——榴槤

嘉義市北興國中　**簡寧**

有人說我像刺蝟，
有人說我像河豚，
有人說我香，
有人嫌我臭。
隨你們去吧！
當王的，本該有納言的雅量。

超ㄅㄧㄤˋ製詩機

發明人：林瑞景
愛用者：陳素玲

真情研發三十載；
啟動聯想的開關，
訂好含蓄的時間，
按下象徵的接鈕，
你的想像就被吸納。
別怕！
將出現在「萬卷樓」的書架上！

國家圖書館出版品預行編目資料

超ㄅㄧㄤˋ的創意作文及新詩教寫 ／林瑞景著.
--再版. --臺北市：萬卷樓， 2004[民 93]
面； 公分
ISBN 957－739－474－4 (平裝)
1.中國語言-作文-教學法 2.寫作法 3.
中等教育-教學法
524.313 93003645

超ㄅㄧㄤˋ的創意作文及新詩教寫（增修版）

著 者：林瑞景
發 行 人：許素真
出 版 者：萬卷樓圖書股份有限公司
臺北市羅斯福路二段 41 號 6 樓之 3
電話(02)23216565．23952992
傳真(02)23944113
劃撥帳號 15624015
出版登記證：新聞局局版臺業字第 5655 號
網 址：http://www.wanjuan.com.tw
E－mail ：wanjuan@tpts5.seed.net.tw
承印廠商：晟齊實業有限公司
定 價：420 元
出版日期：2001 年 9 月初版
2004 年 4 月再版
2006 年 8 月再版三刷

ISBN 957－739－474－4